D1674939

OTTO WAGNER

Zeichnungen und Pläne

WALTER ZEDNICEK

Photographien

VIRIBVS VNITIS

SR· K·K· APOST· MAJESTÄT
KAISER· FRANZ· JOSEF
· DIE· KAIS· KÖNIGL·
AKADEMIE· DER· BILD· KVNSTE

ARCHITEKT · OTTO WAGNER
K·K· OBERBAVRATH

Inhalt – Contents – Contenuto – Sommaire

Zweite überarbeitete Auflage
Abbildung Umschlagvorderseite: Miethaus Linke Wienzeile 40
Abbildung Umschlagrückseite und linke Seite: 1 Entwurf für den Buchdeckel einer Adresse
Englische Übersetzung: Brigitte Novak
Italienische Übersetzung: Eurocom
Französische Übersetzung: Mag. Myriam Gerlache
Gestaltung und Fotografien: Walter Zednicek
Im Eigenverlag Walter Zednicek, 1050 Wien
Gesamtherstellung: Grasl Druck & Neue Medien, 2540 Bad Vöslau
Alle Rechte vorbehalten
Wien, 2002

ISBN: 3-9500360-5-9

2 Otto Wagner (1841–1918), Pastellbild von Gottlieb Th. Kempf-Hartenkampf, 1896

Kristian Sotriffer
Begleitendes zu Otto Wagner

Otto Wagner wurzelte tief in seiner Zeit. Er nutzte tradierte Architektur-Formeln oder Möglichkeiten und erprobte neue. Aber er war stark genug, sich von überlieferten Denk- und Vorstellungsweisen auch abzulösen, ohne sie völlig aufzugeben. Dabei widmete er sich dem Umgang mit neuen Techniken und Materialien ebenso lust- wie verantwortungsvoll. Er schöpfte aus, was ihm die Vergangenheit an Orientierungsmöglichkeiten anbot und was ihn seine Gegenwart an Notwendigkeiten bewußt werden ließ.

Der damit verbundene Prozeß einer Identifikation mit der Geschichte ebenso wie mit einem auf die Zukunft ausgerichteten Elan ließ ihn entsprechende, nicht immer in praktisches Handeln umsetzbare Theorien entwickeln. Seinen Zeitgenossen und deren Nachfahren wußte er aus einem von ihm angelegten und bereicherten Fundus heraus Kenntnisse und Erkenntnisse zu vermitteln, die aus dem von ihm Geschaffenen weiterwirken – und zwar als Erfordernis. Aus einer zu einem bestimmten Zeitpunkt entwickelten Gewißheit und Sicherheit heraus reagierte er gegenüber Laienurteilen besonders empfindlich. Seine damit verbundene Abwehr artikulierte er in einem Kapitel über „Die Kunstkritik" im Anhang seines „dem Baukunstjünger" in die Hand gedrückten Vermächtnisses über „Die Baukunst unserer Zeit". Und zwar sehr selbstbewußt aus der Überzeugung heraus, daß die von ihm vertretenen Anschauungen im Bezug auf die Baukunst ihn überleben, „ja, so lange Kunst besteht, wahr bleiben werden …". Im Gegensatz zu seinen zahlreichen Gegnern zu Lebzeiten sollte er darin recht behalten.

Wer Wien besucht, begeht, befährt, findet die Ringstraße als ein Zentrum vor, von dem ihm schon zuvor suggeriert wurde, daß es von bedeutenden Bauten gebildet werde. Wagner selbst läßt die Oper mit Abstrichen vor allem deswegen gelten, weil in ihrem Fall „das scharfe Erfassen der Zweckerfüllung (Akustik, Optik, Komfort, Ventilation)" nicht genug hoch … anzuschlagen" sei. Und zwar als „ein deutlicher Ansatz zu schöpferischem Schaffen", das Wagner bei anderen Eklektizisten vermißte, wie etwa beim Architekten des sogenannten „prachtvollen" Rathauses oder des Parlamentsgebäudes daneben. Wagner erschienen sie als „Monumental-Unglücke", denen leider noch einige hinzukommen würden, wobei die „Laienkunsturteile", die diesen „Bauten zur Ausführung verhalfen", auf die Kunst „geradezu vernichtend" gewirkt hätten und wirken.

Was hat sich, trotz des Beispiels, das Wagner gegeben hatte und auf das sich seitdem auch dessen feinere Nachfolger immer noch gerne berufen – was also hat sich seit seinen Plädoyers für das Nützliche und Praktische als dem Schönen verändert? Neue Eklektizisten und Monumentalbauer haben sich dem alten Ringstraßenareal – und sich gelegentlich auf dessen Vorgegebenheiten berufend – einzugliedern versucht. Wagners Hoffnung, die Nachwelt werde eingreifen und die „unrichtige Kritik" (gemeint ist der den falschen Beispielen gezollte Beifall), wurde nicht eingelöst. Andererseits hat sich ein neu entwickelter Sachverstand so weit durchsetzen können, daß Wagners Werk – heute nach langem Zögern auch der Denkmalpfleger – als geschützt betrachtet werden kann. Trotz großer Verluste blieben ausreichend viele Beispiele erhalten, die das Gedächtnis an den großen Architekten ehren; und damit seine Bedeutung unterstreichen, an der er selbst im übrigen nie gezweifelt hatte.

Otto Wagner (1841 bis 1918) hatte nicht das alte Wien erobert – was er in der Innenstadt errichten konnte, steht mit Ausnahme des Postsparkassengebäudes hinter dem, was an die Peripherie führt, zurück. Dafür aber den Großraum der Stadt geprägt, also jenes Geflecht, das er mehr kennzeichnen und bestimmen sollte als es seinesgleichen irgendwo anders je gelungen wäre. Dies vor allem auch der Vielzahl von Aufgaben wegen, die zu bewältigen er sich zugetraut hatte, seit er sich von Selbstzweifeln getrennt und sich zu seinen eigentlichen Möglichkeiten in einem neuen Selbstverständnis durchzuringen verstanden hatte.

Die Chance dazu vermittelte ihm ein 1892 abgehaltener internationaler Wettbewerb der

Stadt Wien als Grundlage für die Ausarbeitung eines Generalregulierungsplans „über das gesamte Stadtgebiet". Wagner hatte das fünfzigste Lebensjahr bereits überschritten, als er daran ging, jene „albernen Jugendsünden" zu vergessen, von denen er am Ende seines Lebens nichts mehr wissen wollte. Dazu zählten vor allem einige historisierende (Miet-) Bauten, die er als „Zinsburgen" errichtete. Ihr Verkauf diente ihm – nicht anders als bei den Bauspekulanten der Zeit üblich – dem Beschaffen von Geld. In einem Brief vom 19. April 1917, geschrieben ein Jahr vor seinem Tod, erinnert sich der Architekt: „Es sind nahezu fünfundzwanzig Jahre her, seit ich, nicht aus Sucht und Originalität, sondern von künstlerischem Katzenjammer getrieben, versuchte, mein baukünstlerisches Schaffen in andere als bisher betretene Bahnen zu lenken" (Archiv der Wiener Akademie, zit. nach O. A. Graf in: G. Peichl [Hg.], „Die Kunst des Otto Wagner", Wien 1984). In seiner zu Beginn zitierten Schrift „Die Baukunst unserer Zeit" (1914, S. 39) findet sich jene berühmte Passage, die seine Leitziele erläutert:

„Alles modern Geschaffene muß dem neuen Materiale und den Anforderungen der Gegenwart entsprechen, wenn es zur modernen Menschheit passen soll, es muß unser eigenes, besseres, demokratisches, selbstbewußtes, unser scharf denkendes Wesen veranschaulichen und den kolossalen technischen und wissenschaftlichen Errungenschaften sowie dem durchgehenden praktischen Zuge der Menschheit Rechnung tragen – das ist doch selbstverständlich." An anderer Stelle (S. 44) fügt er hinzu, daß „etwas Unpraktisches" nicht „schön sein" könne. Zu seinen „Rezepten" – wie er seine Leitlinien nannte – zählte ein „peinlich genaues Erfassen und vollkommenes Erfüllen des Zwecks" (bis zum kleinsten Detail). Ferner die „glückliche Wahl des Ausführungsmaterials (also leicht erhältlich, gut bearbeitungsfähig, dauerhaft, ökonomisch)"; die Dauerhaftigkeit etwa des Gußeisens aber hat er wohl überschätzt.

Aus solchen Vorstellungen heraus entstandene „Kunstwerke werden immer im Stile der Kunst unserer Zeit sein" (S. 135 f). Sie sind jetzt – was die Stadtbahn, die Wehr- und Schleusenanlagen, die Häuser an der Linken Wienzeile angeht – rund hundert Jahre alt und übertreffen in vieler Hinsicht die meisten Objekte und Projekte, die ihnen gefolgt sind; wobei nicht verschwiegen werden soll, daß es seit Wagner niemandem (auch keinem Stadtplaner) mehr gegönnt und gegeben war, derart viele Bauaufgaben nicht nur wahrzunehmen, sondern auch zu lösen. Als selbstbewußter, arbeitsfreudiger, ehrgeiziger und schulbildender Baukünstler, der sich den Künsten ebenso verpflichtet sah wie dem Wesen des Technikers, Ingenieurs und Erfinders, blieb er unübertroffen nicht nur in seiner Zeit.

Auf die ihm zuwachsenden Aufgaben war der Nachfolger Karl Hasenauers als ordentlicher Professor an der Akademie seit 1894, mit Joseph Maria Olbrich (dem Schöpfer des Secessionsgebäudes in unmittelbarer Nachbarschaft der Lehrstätte) als Mitstreiter und Josef Hoffmann als Schüler, wohl vorbereitet. 1890 hatte er im Eigenverlag (seine erste, die mittlerweile unpassend aufgeschminkte sogenannte Ben Tiber-Villa in der Hüttelbergstraße war im prunkvollen Renaissance-Stil erst zwei Jahre zuvor fertiggestellt worden) die Publikation „Einige Skizzen, Projecte und ausgeführte Bauwerke" herausgegeben. Zwei weitere Bände folgten 1897 und 1906, ein vierter vier Jahre nach seinem Tod, 1922. Dabei handelte es sich um eine Art „Katalog", mittels dessen er seine Vorstellungen vermitteln, weiterreichen und seinen Standpunkt als Neuerer kenntlich machen konnte.

Den Wettbewerb für das Stadterneuerungsunternehmen mit dem von Gottfried Semper entlehnten Kennwort „Artis sola domina necessitas" für das Projekt als Wahlspruch hatte er schon gewonnen. Jetzt wollte er zeigen, wie romantisch-klassizistische, entsprechend „gereinigte" und neu durchdachte Aspekte sich mit rationalistischen und funktionalistischen Elementen verbinden lassen und an Charakter zugleich gewinnen können. 1894 wurde Wagner mit dem Bau der Stadtbahn, der Wehr- und Schleusenanlage in Nußdorf, vier Jahre darauf mit der Kaianlage am Donaukanal, Staustufe Kaiserbad (mit dem „Schützenhaus" im Zentrum) beauftragt. Die Stadtbahn wurde 1901 abgeschlossen, 1908 war die Arbeit an der Kaianlage beendet. Andere Bauaufgaben (oder nicht realisierte Projekte) liefen nebenher. Wagner bewältigte seine vielfältigen Aufgaben mit Hilfe jener Mitarbeiter und Schüler, die später – selbständig geworden – kennzeichnen sollten, was dann als weit über die Monarchie und über sie hinaus wirkende „Wagner-Schule" in die Kunst- und Architekturgeschichte eingehen sollte. Einer dieser Schüler war Max Fabiani, auf dessen Vorlesungsmitschriften an der Akademie basiert, was Wagners programmatische Schrift „Moderne Architektur" charakterisiert. Sie erschien 1895 und wurde 1899 und 1902 wiederaufgelegt – unter dem Titel „Die Baukunst unserer Zeit" und in mehrere Sprachen übertragen. Zwei Jahre darauf (1897) erfolgte bereits die erste Veröffentlichung von Architekturprojekten „Aus der Wagner-Schule" in einer bis 1910 fortgesetzten Reihe. Es war das Jahr der Gründung der Wiener Secession, der Wagner aber erst 1899 unter großem Aufsehen und unter Mißbilligung seiner bürgerlichen Klientel beitrat, weil dies auch das Verlassen des von höchster Stelle protegierten und damals renommierten, aber verstaubten Künstlerhauses am Rand des Karlsplatzes bedeutete. Auf ihn wird noch zurückzukommen sein. Wagners Mitarbeiter J. M. Olbrich sollte Wien verlassen und sich den Bauten der Darmstädter Künstlerkolonie widmen. Auch Max Fabiani, der in Wien mehrere wichtige Bauten hinterließ, verabschiedete sich und ging nach Görz, während Josef Plečnik sich in Prag und Laibach Denkmale schuf. Die von Wagner gesetzten Impulse wurden von den Mitarbeitern aufgenommen und individuell weiterentwickelt – selbst in Kalifornien durch den von ihm beeinflußten Richard Neutra und durch Rudolph Michael Schindler.

Der Lehrer, Freund und Förderer hatte ihnen mehr mitzugeben als ein bloßes Lokalkolorit, das eher von Wagners Gegenspieler an der Akademie, dem Leiter einer zweiten „Special-Klasse" Friedrich Ohmann mit dem Geist von „Wien 1900" erfüllt worden war. Wagner hatte dessen romantisierende Spielart des Jugendstils entschieden erweitert, zum Teil auch versachlicht, ohne auf dekorative, bildkünstlerische Elemente zu verzichten: im Gegenteil. Wagner wußte sie auch seinen Zweckbauten organisch zu integrieren; sie bilden nicht bloße Zutat, ornamentales Beiwerk, sondern erfüllen ihrerseits eine Funktion im Betonen bestimmter Bauteile oder Begrenzungen. Andererseits dienten sie wie die Fliesen auf dem sogenannten Majolika-Haus in der Linken Wienzeile als praktischer Fassadenschutz.

Wie sich das eine ins andere fügt; welche ästhetischen Sensationen aus dem Betonen des Funktionellen und des verwendeten Materials, gewonnen werden können – aus den Verbindungen etwa zwischen Metall und Stein, dem Leichten mit dem Schweren und den Verzahnungen bestimmter Teile und Formen miteinander: Das wird im Großen und im Kleinen erst erfahrbar, wenn der Wagnerische Architekturkosmos Schritt für Schritt abgegangen wird. Das ist wörtlich zu nehmen. Wagners Genie kann zwar vor allem vor jenen Bauwerken rasch erkannt werden, auf die zunächst nur ein erster prüfender Blick wie vom Georg-Coch-Platz auf das Postsparkassengebäude und dann in sein Inneres geworfen wird. Oder auf das (allerdings veränderte und durch eine den Wagnerischen Prinzipien hohnsprechende Hochstraße gestörte) Nußdorfer Wehr; einen Stadtbahnpavillon und eine Brückenführung.

Das Eigentliche und Besondere jedoch erschließt sich der Wagners Spuren folgende Beobachter durch das Eindringen ins Intime. Sein Werk will also abgemessen, abgetastet werden – und zwar nicht nur mit den Augen, sondern mit dem ganzen sich vor und in einem Bauwerk bewegenden Körper. Es ist gut, sich zunächst einmal in Heiligenstadt in die Stadtbahn zu setzen und sich nach Hütteldorf oder zum Hauptzollamt (Wien Mitte) in einem Wechsel von Hoch- und Tiefbahn führen zu lassen, die Abfolge der Stadtlandschaft und Wagners Eingehen auf sie zu erleben. Aber dann muß Haltestelle um Haltestelle erobert werden, weil jede von ihnen bei gleichbleibender Typologie wieder ein anderes Gesicht zeigt – in seiner Charakteristik erst wieder erkennbar, seit Restaurierungs- und Reinigungsarbeiten die Abnützung und den Schmutz von Jahrzehnten beseitigt haben. Je nachdem, welchen topographischen, urbanen Situationen zu antworten war, hat der Baukünstler oder haben dessen Helfer darauf reagiert – auch durch Viadukte,

Böschungen, Abgrenzungen, Treppen, Gitter und Gestaltungen des Details. Die Vielfalt dieses Reagierens wird gerade durch die Notwendigkeiten bestimmt, die vorgegeben waren – denn Otto Wagner baute seine Gefüge quasi als Stadt in der Stadt, und zwar über größte Ausdehnungen hinweg und mit zentralen Eckpunkten. Sie reichen etwa von der Kirche am Steinhof am Rand des Wienerwaldes oder der Lupus-Heilstätte auf dem Wilhelminenberg bis zum Donaukanal. Was Wagner baute, erscheint wie durch eine imaginäre Brücke – aber auch reale Verbindungen – miteinander verknüpft: Der Familien- mit dem Großbau, das Krankenhaus mit der Kirche, das öffentliche Gebäude mit dem Verkehrsweg. Das technische geht mit dem künstlerischen Erfordernis eine Allianz ein. Dem Einzelkörper wird eine entsprechende Hinwendung zuteil (in ihm liegt das Geheimnis einer Gesamtwirkung): Also dem Eingang, dem Vorbau, der Treppe, dem Aufzug, dem Dachgesims, dem Möbel und hygienisch-praktischen, durchdachten Vorrichtungen. Die Teile korrespondieren miteinander. Alles zeigt sich einem Formwillen unterworfen, einem Kopf entsprungen, der die Großstadt zunächst *dachte*, bevor das Großstädtische realisiert wurde. „Die Ausdehnung einer Großstadt", so formulierte es Wagner 1911, „muß unserem heutigen Empfinden nach eine unbegrenzte sein." Im Architekten, der in ihr arbeitet, sah er die „Krone des modernen Menschen". Nun, das war einmal.

Wäre es nach Wagners Vorstellungen gegangen und wäre ihm die Zuneigung der Mächtigen und Einflußreichen nicht entzogen worden, je deutlicher er sich zu artikulieren verstand, hätte Wien heute ein anderes Aussehen. Die Stadt erscheint zwar von seinem Wirken vor allem im ausgehenden Jahrhundert unübersehbar geprägt; dennoch finden sich viele seiner Baugedanken nur auf dem – kunstvoll und mit feinen Zutaten – bezeichneten Papier. Der Plan, die Wienzeile zum Karlsplatz hin seiner Handschrift gemäß auszugestalten, fällt in den Bereich des Unrealisierten. Der Karlsplatz hätte sonst heute ein „Gesicht", jedenfalls würde sich die Gegend zwischen Secession und Karlskirche dem sie durchschreitenden Passanten anders darbieten. Ausgerechnet dort, wo es ihm verwehrt blieb, einen Museumsbau zu errichten, finden sich zwei Pavillons der Stadtbahn als aberwitzige Erinnerungs-Monumente auf einer Erhebung so postiert, daß sie wie abgestellt wirken – dem neuen U-Bahn-Komplex nicht mehr integriert. Ähnlich verfuhr man nach Um- und Neubauten auch an anderen Orten als Folge erforderlicher stadtplanerischer Notwendigkeiten. Der Umgang mit Wagners Erbe wurde vielfach erst erlernt und erprobt, als es für zentrale Einheiten – wie den durch neue „Verkehrsbauten" ersetzten Stationen in Hietzing oder Meidling – schon zu spät war.

Der Karlsplatz blieb für Wagner aber nicht nur der gescheiterten Bemühungen um eine dem Bereich adäquate Ordnung wegen wichtig. Dort „herrscht" die Karlskirche Fischers von Erlach. Sie erinnert daran, daß Otto Wagner ein großes Erbe angetreten oder sich an ihm gemessen hat – und zwar nicht, um Kopien herzustellen oder es als eine Art Steinbruch von Stilformen zu nützen, sondern als Ausdruck eines nach ihm weitgehend gebrochenen Kontinuums. Seine Kirche am Steinhof mißt sich an Fischers „Byzantinismus" – andere Objekte an Palladio oder der florentinischen Frührenaissance –, also an charakteristischen Formen, die er umwandelt und neu schafft oder von einem veränderten Bewußtsein geprägt verwendet.

Die Kirche am Steinhof präsentiert sich als erster moderner Sakralbau überdies als Gesamtkunstwerk. Wagner war einer der letzten Architekten, die den bildenden Künstler schon während der Planung in ihre Vorhaben einzubeziehen wußten. Er tat dies auf eine Weise, durch die sonst vielfach verschollene Maler und Bildhauer eben durch ihn fortleben konnten. Im Fall der Steinhof-Kirche sind dies etwa Leopold Forstner, der bereits Glasmosaiken für einen Solitär geschaffen hatte, als der die zweite Villa Wagner in der Hüttelbergstraße anzusehen ist. Oder Othmar Schimkowitz, dessen Engel über dem Hauptportal der Kirche in veränderter Form die Dachlösung am Postsparkassengebäude bestimmen. Kolo Moser, am Steinhof mit Mosaiken vertreten, hatte schon die vergoldeten Medaillons der Nr. 38 an der Linken Wienzeile geschaffen. Rudolf Weyr blieb uns durch seine Bronzelöwen am Nußdorfer Wehr in Erinnerung, Remigius Geyling und seine

Werkstätte durch dessen Glasfenster wieder in der Steinhof-Kirche. Abgesehen von Wagners eigenen kunstvollen Eingriffen, wenn es um das Ausgestalten bestimmter Details ging, hat Wagner dann so simplen Vorrichtungen wie einem Warmluftausbläser im Schaltersaal der Postsparkasse jene plastische Qualität gegeben, die wie eine Vorwegnahme dessen anmutet, womit sich viel später Designer und Objektkünstler beschäftigen sollten. Form und Funktion stimmen nach wie vor überein, auch wenn diese „Objekte" jetzt als Luftabsauger dienen.

In anderen Fällen wurde mit Elementen, deren Zweck oder Bedeutung innerhalb eines durchgeformten Ensembles den Erzeugern neuer bautechnischer Lösungen verborgen blieb, wesentlich sorgloser umgegangen. Vieles wurde vernichtet oder verstümmelt. Stückwerk aber war bereits Wagners Generalplan zur „unbegrenzten Großstadt" geblieben; die dem Stadtbahnsystem zugedachten Querverbindungen zwischen den kreisförmigen Umfahrungen wurden nie verwirklicht. Erst in den siebziger und achtziger Jahren ist man daran gegangen, sich um den Erhaltungszustand des Realisierten zu kümmern; die Brücke über die Wienzeile wurde erst in letzter Minute durch entsprechende Proteste gegen einen Abbruch oder deren Ausrangieren gerettet. Ähnliches gilt für das Schützenhaus. Ohne das mit entsprechenden Publikationen verbundene, neu erwachte, erkennende Interesse an diesem in Europa einzigartigen Werk, an dem nicht zuletzt eine junge Architektengeneration beteiligt war, die sich von einem etwas anderen Zuschnitt erweist als die der große Volumen nur füllend hochziehenden Spezialisten fürs Megalomane zwischen Ring und Donau –, hätten zahlreiche Bilder nicht entstehen können, die diesen Band bestimmen. Jetzt zeigen sie, führen sie hin zu dem, was im wesentlichen in dreißig Jahren entstehen und ein Stadtbild verändern, prägen konnte und nach wie vor dem Vergleich dienen kann.

Vieles war seitdem vergessen, verlernt worden in einem Bereich, in dem sich die Extreme schon zu Wagners Zeiten berührt hatten. An seinem Beispiel, am Werk seiner Schüler hatten sich zahlreiche jener Zeitgenossen orientiert, die ihrerseits – wenn auch auf wesentlich bescheidenere Weise – wegweisend gewirkt haben und ohne Wagner wie andere zum Opfer eines sterilen Zweckdenkens geworden wären: Ideen-, verantwortungslos und ohne Kultur. In diesem Zusammenhang kann wiederholt werden, was der beste Kunstkenner und -interpret seine Zeit, Hans Tietze, vier Jahre nach Wagners Tod als ersten Satz eines schmalen Büchleins so formuliert hatte: „Der Name Otto Wagners hat einen sonoreren Klang, als ihn die Namen österreichischer Künstler zu haben pflegten. Es tönt etwas Weltgültiges in ihm … das wiederzufinden wir in der Geschichte der heimischen Baukunst bis Fischer von Erlach zurückgehen müssen."

3 Vignetten zur 3. Auflage des Buches "Moderne Architektur", 1902

4 Otto Wagner am Zeichentisch, Radierung von Gottlieb Th. Kempf-Hartenkampf, 1900

Kristian Sotriffer
Accompanying words to Otto Wagner

Otto Wagner was deeply rooted in his time. He used traditional architectural formulas or possibilities and tested new ones. But he was also strong enough to dissociate himself from concepts and ideas handed down from the past without abandoning them completely. Joyfully and responsibly, he dedicated himself to experimenting with new techniques and materials. He utilized whatever the past had to offer as orientation and whatever he recognized as a necessity for the time he lived in.

Otto Wagner's identification with history on the one hand, and his future-oriented vigor on the other, led him to develop theories which correspondingly could not always be put into practice. He amassed an unusually rich corpus of architectural designs and writings, and from this he conveyed to his contemporaries and their successors knowledge and discoveries which continue to live on in his creations – as a necessity. The certainty and assurance he developed at a certain point in his life led him to overreact to and reject lay judgements. He expressed his opposition to such judgements in the chapter "*Die Kunstkritik*" in his legacy "*Die Baukunst unserer Zeit*", which he required all his "architect disciples" to read. He was confident in his conviction that his ideas on architecture would outlive him and "would remain valid for as long as art exists..." And, in contrast to his numerous opponents in his lifetime, he would prove to be right.

A visitor walking or driving through Vienna will find himself confronted with the Ringstrasse, which, as he has been told over and over again, is a center created by significant buildings. Of these significant building, the only one Wagner himself accepted was the opera (albeit with a few reservations), mainly because in its case "the acute understanding of the purpose to be fulfilled (acoustics, optics, comfort, ventilation)" could not be "overestimated". He acknowledged it as a "distinct attempt at a creative work", something he found lacking in other eclectics, such as the architects of the so-called "magnificent" Rathaus (City Hall) or the Parliament building next to it. In Wagner's eyes, these were "monumental disasters", unfortunately to be followed by many more. He argued that the "judgement of laymen" which "contributed to the erection of these buildings" would have a "downright devastating" effect on art.

What, however, has actually changed since Wagner – whose work still serves as an example for some of his more refined successors, – what has really changed since Wagner's time, when he declared that there is beauty in everything that is practical and useful? Modern day eclectics and constructors of monumental structures have tried to integrate their buildings into the old sections of the Ringstrasse – sometimes by even taking reference to the given conditions. Wagner's hope that posterity would intervene by recognizing the "incorrect criticism" (by which he meant that the wrong buildings were being applauded) has not been fulfilled. On the other hand, a new level of understanding has emerged and developed to such an extent, that Wagner's buildings – even after some hesitation on the part of monument curators – are now considered protected monuments. Despite numerous losses, enough examples of Wagner's work still remain to honor the memory of this great architect and to underscore his importance, which he himself, incidentally, never doubted.

Otto Wagner (1841–1918) did not conquer the old city of Vienna. With the exception of the *Postsparkasse* (Postal Savings Building), Wagner's achievements in Vienna's downtown area are insignificant when compared with his work in the city's periphery. He did, however, leave his distinct mark on the city of Vienna as a whole. Never before had any architect managed to shape and determine the network of a city to the extent he did. Wagner accomplished this mainly as a result of the large number of tasks he believed himself capable of handling, especially after he had cast aside his personal self-doubts and began developing his concepts and ideas.

His chance to realize these ideas came in 1892, when the city of Vienna sponsored an international competition for a general plan to regulate "the entire municipal area". Wagner was already over 50 years old when he decided to turn his back forever on the "silly sins of his youth". These were mainly apartment houses in the historistic style, which he erected as "interest-bearing castles". The sale of these – as was the usual practice at the time among building speculators – provided him with a substantial income.

In a letter written on April 19th 1917, one year before his death, the architect recollects: "Almost 25 years have past by since I first began directing my work in a direction that was different from the one I had been following previously; I was not compelled to do this by greed and originality, but rather by a certain feeling of artistic remorse" (archives of the Vienna Academy of Fine Arts, cit.: O. A. Graf in G. Peichl (publ.), "*Die Kunst des Otto Wagner*", Vienna 1984).

Wagner describes his goals in a famous passage contained in his aforementioned publication: "Die Baukunst unserer Zeit" (1914, p. 39):

"All things created today must reflect the new materials and the new requirements of our time: if they are to meet the needs of modern man they must express our improved, democratic, self-confident, clear-thinking nature and do justice both to our colossal technical and scientific achievements and to the practical bent which remains one of our chief characteristics – that much is quite clear!"

Later on he adds (p. 44): that "a thing that is unpractical cannot be beautiful". One of his "recipes" – as called his guidelines – demanded that architects must have "a thorough grasp of functional requirements and fulfil them completely" (down to the smallest detail). They must "make a happy choice of building material" – i.e. it must be "easily worked, easily maintained, durable and economical". He obviously, however, overestimated the durability of cast iron.

Works of art created according to these ideas "will always conform to the style of our period" (p. 135). They – the *Stadtbahn* (urban railway), the dam and sluice facilites, the buildings on the Linke Wienzeile – are now about a century old and in many respects they surpass most of the objects and projects which followed them; nonetheless, it should not be forgotten that no one since Wagner – not even city planners – has been fortunate enough not only to be confronted with such a mass of building tasks, but also to be commissioned to carry them out. As a self-confident, ambitious architect and teacher, who was equally dedicated to the arts as he was to the nature of the technician, the engineer, and the inventor, he continues to remain unsurpassed.

Otto Wagner was well prepared to confront the challenges awaiting him. He was appointed Karl Hasenauer's successor as full professor at Vienna's Academy of Fine Arts in 1894, his fellow college was Joseph Maria Olbrich (who designed the Secession building located in the near vicinity of the Academy), and one of his most talented students was Josef Hoffmann.

In 1890, *"Einige Skizzen, Projecte und ausgeführte Bauwerke"* was privately printed by Wagner (the so-called Ben-Tiber Villa on the Hüttelbergstrasse, which today has been tastelessly refurbished, had just been completed only two years earlier). Two additional volumes followed in 1897 and 1906, and a fourth one was published posthumously in 1922, four years after his death. These four volumes comprise a kind of "catalogue" and served as a means to express and convey Wagners idea's and to publicize his position as an innovator.

Wagner won the competition for the general regulation of Vienna. The slogan he selected for this project was a phrase borrowed from Gottfried Semper: *"Artis sola domina necessitas"* (Only necessity dictates art). His goal now was to demonstrate how romantic-classicistic, appropriately "cleansed" and newly conceptualized aspects could be combined with rationalistic, functional elements, thereby improving their character. In 1894 Wagner was commissioned to build the *Stadtbahn* and the Nußdorf Lock and Dam; four years later he received the commission for the quai on the Danube Canal and the Kaiserbad Dam with the "Schützenhaus" (control building). The *Stadtbahn* was completed in 1901, the Danube Canal quai in 1908. At the same time, Wagner also occupied himself with various other construction tasks (i. e. projects that were never realized). He was able to accomplish this huge amount of work with the help of those associates and students who, later in their careers, would continue to be influenced by Wagner's ideas. Otto Wagner's influence would be felt far beyond the monarchy's boundaries and would ultimately be referred to in the history of art and architecture as the "Wagner School". The lecture notes of one of Wagner's students, Max Fabiani, characterize the contents of Wagners programmatic publication *"Moderne Architektur"*.

Published in 1895, it was republished in 1899 and 1902 under the title *"Die Baukunst unserer Zeit"* and translated into several languages. Two years later (1897), the first of a series of publications on architectural projects – *"Aus der Wagner-Schule"* – was issued. This series was continued until 1910.

1897 was also the founding year of the Wiener Secession. Wagner joined in 1899, a step that created a great deal of commotion and disapproval among his bourgeois clientel because it also meant his departure from the then highly renommated and patronized, but archaic Künstlerhaus on the periphery of the Karlsplatz.

Wagner's associate. J. M. Olbrich, later left Vienna and dedicated himself to building the artists' colony in Darmstadt. Max Fabiani, the architect of several significant buildings in Vienna, moved to Gorizia, and Josef Plečnik erected monuments to himself in Praha and Ljubljana. Wagner's impulses were taken up by his associates, who individually developed them further – even as far away as California, where his impulses are evident in the work of Richard Neutra and Rudolph Michael Schindler.

The teacher, friend, and promoter Otto Wagner had more to give to his students than mere local color. This was the assignment of the other department head at the Academy, Friedrich Ohmann, who taught a second "special course" on the spirit of "Vienna 1900". Wagner decisively expanded the romanticizing variety of art nouveau in Vienna, the Jugendstil, by adding functionality without dispensing with artistic and decorative elements. It was Wagner's genius that he understood how to integrate these decorative elements into his functional buildings in such a way, that they not merely served as accessories or decorative ornaments, but rather fulfilled the specific function of accentuating certain building components or boundaries. On the other hand, ornaments such as the tiles on the so-called *Majolika House* on the Linke Wienzeile served as a practical protection for the façade.

The fusion of individual parts, the aesthetic sensations achieved by accentuating functionality and the materials used to achieve it – combinations of metal and stone, of heaviness and lightness, the interlinkage of specific parts and forms –, the only way to experience all these large and small details is by literally walking through Wagner's architectural cosmos step by step. Wagner's genius is, of course, quickly recognizable in such buildings as the *Postsparkasse*, where it is evident with just one glance at its exterior from the Georg Coch Platz. Or when looking at the Nussdorfer Wehr (which, however, was altered through the construction of an elevated street – an insult to Wagner's principles); or at one of his *Stadtbahn* pavillions.

The essential and special aspects of Wagner's work, however, are only revealed to the observer by penetrating into the interior. His work demands to be felt and experienced – not only with the eyes, but with the entire body walking in and out of a building structure. A good suggestion is to get on the *Stadtbahn* at Heiligenstadt and to allow yourself be taken to Hütteldorf or to the Hauptzollamt (Wien Mitte) in an alternation of elevated and underground railway, and to experience and feel the changes in the urban landscape and Wagner's response to them. It is important that you also take the time and effort to experience each station individually, as each one, although identical typologically, shows a different face, the characteristics of which are now once again recognizable after the dirt and grime of the past decades have been removed and restoration work has been completed. Depending on the topographical, urban situation in question, the architect or his assistants responded with viaducts, embankments, boundaries, steps, lattices, detail design, just to name a few. The diversity of these responses were a result of the given necessities. – It must be pointed out that Otto Wagner's creation is like a city within a city, covering a huge surface, with central cornerpoints. It extends from the Church am Steinhof on the edge of the Vienna Woods or the Lupus-Heilstätte on the Wilhelminenberg, all the way to the Danube Canal. Wagner's creations seem to be connected to each other, either through an imaginary bridge or through real connections: the one-family house to the big apartment building, the hospital to the church, the public building to the traffic route. Technical requirements form an alliance with artistic requirements.

Special attention is given to the building's individual components (this is the secret of the total effect): the entrance, the front of the building, the staircase, the elevator, the roof cornice, the furniture, the practical, functional, hygienic installations. The parts correspond with each other. Everything is subjected to a will for form, everything originated from the same mind, which first imagined the idea before actually realizing it. In 1911, Wagner wrote the following statement: "There can be no limits to the expansion of the big city if it is to accord with our modern outlook". He considered its architects to be "the crowning glory of modern man". Well, that was once upon a time ...

If Wagner had been allowed to realize more of his projects and if his powerful and influencial benefactors had not turned away from him when he began to clearly formulate and articulate his ideas and viewpoints, Vienna would have a different appearance today. Although his work has left its distinct mark on the city, many of his ideas for buildings – artistically drafted in fine detail – are only on paper. One of these projects which was never realized was his plan to design the area along the Wienzeile towards the Karlsplatz according to his architectural ideas. Had he been allowed to realize this project, the Karlsplatz today would have a "face" – and the area between the Secession and the Karlskirche would certainly present itself differently to the person walking through it. It is an ironic coincidence that two *Stadtbahn* pavilions now stand on the same site where Wagner was repeatedly denied his plan to erect a museum building. Positioned on an elevation and no longer integrated in the subway system, these pavilions look as if someone had simply forgotten them there. This fate was shared by other buildings elsewhere in the city as a result of urban reconstruction work. For some central buildings, such as the stations at Hietzing or Meidling, which were replaced with new "communication buildings", the rediscovery of and respect for Wagner's legacy came too late.

The Karlsplatz was of special importance to Wagner: not only because of his thwarted efforts to establish an adequate order there, but also because this was where Fischer von Erlach's Karlskirche "reigned". It served him as a reminder that he was a successor to a great legacy and he measured himself against Fischer's work – not, however, to create reproductions or to use his buildings as a kind of quarry for stylistic forms, but rather as a symbol expressing a continuity which after him was largely disrupted. His Church am Steinhof quotes Fischer's "Byzantinism", other elements quote Palladio or early Florentine Renaissance, – in other words, Wagner takes recourse to characteristic forms, transforming or recreating them and impressing upon them the stamp of a new artistic consciousness.

The Church am Steinhof not only presents itself as the first modern ecclesiastical building, but also as a complete work of art. Wagner was one of the last architects to already include artists in the initial phases of their building's planning. This is why the names of several otherwise long forgotten painters and sculptors are still known today. In the case of the Church am Steinhof, these are Leopold Forstner, who had already created the glass mosaics for the so-called second Villa Wagner on the Hüttelbergstrasse. Or Othmar Schimkowitz, whose angel above the main portal can also be found in a somewhat altered form on the roof crown of the *Postsparkasse*. And Kolo Moser, who is represented in Steinhof through his mosaics, and who had already created the gilded medaillons on the apartment building at Linke Wienzeile No. 38. Rudolf Weyr is immortalized through his bonze lions on the Nussdorfer Lock, and Remigius Geyling and his studio through his window in the Church am Steinhof. In addition to his artistic inventiveness in the design of various details, Wagner gave to simple installations such as the hot-air blowers in the main counter hall of the *Postsparkasse* a plastic quality, which anticipated what designers and object artists would occupy themselves with many years later. Form and function are still in harmony, despite the fact that these "objects" today serve as air suction devices.

In other cases, elements whose functional purpose within a designed structure did not immediately reveal itself to the producers of new constructional solutions, were treated with considerably less care. Much was destroyed or mutilated.

But even Wagner's general plan for the "unlimited big city" was only a fragment: the cross connections between the radial roads, which were designated for the *Stadtbahn* system, were never realized.

It was not until the 1970s and 1980s that efforts were undertaken to preserve Wagner's existing work; the demolition of the bridge across the Wienzeile was literally stopped at the last moment thanks to a series of protest actions. The *Schützenhaus*, too, was saved through similar actions.

Many of the pictures in this book would not exist if it had not been for a newly revived interest in and appreciation of this great architect's work. As a result of this development, new literature was published on Wagner's unique work and the young generation of architects associated with it, who were of a considerably different caliber than those colleagues merely specialised in erecting voluminous monuments between the Ringstrasse and Danube. The pictures in this book illustrate and lead the reader to that which was essentially created over a period of thirty years, which changed and left its distinct mark on the cityscape of Vienna, and which, then as now, still lives up to comparison.

Much in this field, which already in Wagner's time was characterized by extremes, has since been forgotten or sunk into oblivion. Wagner's example and that of his students served as a means of orientation for many of his contemporaries. Many of these, although to a much more modest degree, were pioneers in their fields and without Wagner would have, like others, become victims of a sterile, utilitarian way of thinking: lacking in ideas, responsibility, and culture.

In a slim volume he wrote four years after Wagner's death, the distinguished art expert and interpreter, Hans Tietze, opened his book with the following words: " The name Otto Wagner has a more sonorous ring to it than is usually the case with the names of Austrian artists. There seems to something universally valid in its sound ... something we would only once again find if we went all the way back in the annals of Austrian architectural history to Fischer von Erlach".

5 Otto Wagner, Altersbild (Zeitgenössische Fotografie)

Kristian Sotriffer
Alcune note su Otto Wagner

Otto Wagner era profondamente radicato nel suo tempo. Egli utilizzava formule o possibilità architettoniche tramandate e ne sperimentava di nuove, però era sufficientemente forte da distaccarsi da concezioni e idee tradizionali, senza abbandonarle completamente. Nel contempo si dedicò con entusiasmo e senso di responsabilità alla pratica di nuove tecniche e di nuovi materiali, sfruttando le possibilità di orientamento offerte dal passato e le necessità di cui lo rendeva conscio il presente.

Il processo, a ciò rapportato, di un'identificazione con la storia, come pure con uno slancio proiettato nel futuro, gli permise di sviluppare al riguardo teorie non sempre traducibili in pratica. Egli seppe trasmettere ai suoi contemporanei ed ai loro discendenti, traendole da un fondamento da lui costituito ed arricchito, conoscenze ed esperienze che continuano ad operare sulla base di ciò che egli ha creato, in quanto esigenza. Prendendo le mosse da una certezza e da una sicurezza sviluppate in un determinato momento, egli reagì con particolare suscettibilità ai giudizi espressi dai profani. Wagner esplicitò la sua opposizione in rapporto a quanto sopra in un capitolo su "Die Kunstkritik", nell'appendice della sua opera su "Die Baukunst unserer Zeit", il suo lascito ad uso dei "discepoli di architettura". Egli fece ciò con piena consapevolezza del proprio valore, sorretto dal convincimento che le concezioni da lui espresse in merito all'architettura gli sarebbero sopravvissute, "sì, rimarranno vere fino a quando l'arte esisterà...". Su questo punto doveva avere ragione, a differenza dei suoi numerosi avversari del suo tempo.

Chi visita Vienna e ne percorre le strade, a piedi o con mezzi di trasporto, troverà la Ringstrasse, un'arteria di cui avrà già sentito menzionare gli importanti edifici. Wagner, da parte sua, apprezza, sia pure con riserve, l'Opera, soprattutto per la ragione che, riguardo a questo edificio, "non si terrà mai sufficientemente in considerazione la rigorosa concezione che ne caratterizza la funzionalità (acustica, effetto ottico, comfort, aerazione)". Ciò va inteso come "un chiaro approccio all'opera creativa", di cui Wagner riscontrava la mancanza negli altri eclettici, come ad esempio l'architetto del cosiddetto "magnifico" municipio o dell'attigua sede del parlamento Wagner considerava queste opere "sciagure monumentali", alle quali purtroppo se ne sarebbero aggiunte altre, laddove i "giudizi dei profani", che "avevano contribuito alla realizzazione di tali opere", avevano esercitato ed esercitano tuttora "un effetto assolutamente distruttivo" sull'arte.

15

Malgrado l'esempio dato da Wagner, a cui da allora continuano a richiamarsi anche i suoi epigoni più raffinati, cosa è cambiato dunque dalla sua perorazione a favore dell'utile e del funzionale, intesi come il bello? Nuovi eclettici e costruttori di opere monumentali hanno cercato di integrarsi nell'area della vecchia Ringstrasse, richiamandosi, all'occorrenza, agli edifici preesistenti. La speranza, accarezzata da Wagner, che i posteri sarebbero intervenuti per stigmatizzare "l'ingiusta critica" (a questo proposito intendeva alludere al plauso tributato agli esempi sbagliati) non si è adempiuta. D'altro canto, una competenza specifica di nuova concezione è riuscita ad imporsi al punto tale che l'opera di Wagner – oggi, dopo lunghe esitazioni, anche da parte dei responsabili della tutela dei monumenti – può essere considerata protetta. Malgrado le gravi perdite, sono rimasti conservati a sufficienza vari esempi che rendono omaggio alla memoria del grande architetto, sottolineando la sua importanza, di cui, peraltro, egli non aveva mai dubitato.

Otto Wagner (1841-1918) non aveva conquistato la vecchia Vienna. Ciò che egli poté costruire nel centro della città – ad eccezione dell'edificio della Cassa di risparmio postale – è da meno in confronto a ciò che ha realizzato alla periferia. In compenso, però, egli ha dato un'impronta indelebile alla grande area di Vienna, cioè a quel complesso tessuto che egli doveva modellare e caratterizzare più di quanto sia mai riuscito altrove a qualsiasi altro suo collega. Ciò è da attribuire principalmente alla molteplicità di compiti che egli aveva ritenuto di potere affrontare, da quando aveva cessato di dubitare di se stesso ed aveva saputo acquisire una nuova consapevolezza delle proprie possibilità.

L'occasione, a questo riguardo, gli fu offerta nel 1892, dal concorso internazionale della città di Vienna, come base per l'elaborazione di un piano regolatore generale "per l'intero territorio della città". Wagner aveva già compiuto i cinquant'anni, quando si accinse a dimenticare quegli "stupidi errori di gioventù", di cui, al termine della sua vita, non voleva più sapere nulla. Rientravano in questo novero soprattutto alcune case (d'affitto) di tipo storicizzante, che egli aveva costruito come "roccaforti di interessi". La loro vendita – non diversamente da quanto avvenisse abitualmente per gli speculatori immobiliari dell'epoca – gli serviva per procurarsi denaro. In una lettera del 19 aprile 1917, scritta un anno prima della sua morte, l'architetto ricorda: "Sono passati circa venticinque anni da quando, spinto non tanto da avidità o da originalità, ma da uno stato di malessere artistico, ho cercato di orientare il mio lavoro d'architetto verso strade diverse da quelle fino allora percorse" (archivio dell'Accademia di Vienna, citato da O. A. Graf in: "Die Kunst des Otto Wagner", G. Peichl [editore], Vienna 1984). Nella sua opera "Die Baukunst unserer Zeit" (1914, pag. 39), citata all'inizio, si trova quel famoso passaggio che spiega i suoi obiettivi:

"Tutte le creazioni moderne devono essere conformi ai nuovi materiali ed alle esigenze del presente, se esse devono essere adeguate all'uomo moderno. Esse devono mettere in evidenza la nostra essenza migliore, democratica, consapevole del proprio valore, sagace; esse devono tenere conto delle colossali conquiste tecniche e scientifiche, come pure dei continui tratti caratteristici dell'uomo, questo è del tutto ovvio." In un altro passo (pag. 44) Wagner aggiunge che "ciò che non è pratico" non può "essere bello". Tra le sue "ricette" – così egli chiamava le sue linee direttrici – egli annoverava una "comprensione scrupolosamente esatta ed un completo adempimento dello scopo" (fino ai minimi particolari). Wagner citava inoltre la "scelta felice dei materiali esecutivi (che devono essere facilmente reperibili, agevolmente lavorabili, durevoli, economici)"; egli, però, ha alquanto sopravvalutato la durata di alcuni materiali, come ad esempio la ghisa.

Le "opere d'arte" create in base a tali concezioni "saranno sempre nello stile dell'arte del nostro tempo" (pag. 135 sgg.). Oggi tali opere – come la ferrovia urbana, le dighe, le chiuse, le case nella Linke Wienzeile – hanno cento anni di vita e, sotto molti aspetti, sono superiori alla maggior parte degli edifici e dei progetti che hanno fatto loro seguito; a questo riguardo, però, non si deve passare sotto silenzio il fatto che, dopo Wagner, a nessuno (neppure a nessun urbanista) è stata concessa ed è stata data la possibilità non solo di occuparsi di tante opere edili, ma anche di realizzarle. In quanto architetto consapevole del proprio valore, lavoratore, ambizioso, conscio di fare scuola, che si sentiva obbligato sia nei confronti delle arti, sia nei confronti della natura del tecnico, dell'ingegnere e dell'inventore, Wagner rimase insuperato, non solo per la sua epoca. Wagner – successore di Karl Hasenauer in veste di professore ordinario all'Accademia dal 1894, con Joseph Maria Olbrich (il creatore del palazzo della Secessione nelle immediate vicinanze della scuola) come compagno di lotta, e Josef Hoffmann come discepolo – era perfettamente preparato per i compiti affidatigli. Nel 1890 (la sua prima villa, la cosiddetta Villa Ben Tiber nella Hüttelbergstrasse era stata portata a termine solo due anni prima in sontuoso stile rinascimentale, e nel frattempo abbellita in modo non appropriato) egli aveva edito a proprie spese la pubblicazione "Einige Skizzen, Projecte und ausgeführte Bauwerke". Altri due volumi seguirono nel 1897 e nel 1906, mentre un quarto volume fu pubblicato nel 1922, quattro anni dopo la sua morte. Questa opera era una specie di "catalogo", tramite il quale egli volle fare conoscere e trasmettere le sue idee ed esporre il suo punto di vista di innovatore.

Wagner aveva già vinto il concorso per il progetto di rinnovo urbano, sotto l'egida della parola d'ordine "Artis sola domina necessitas", mutuata da Gottfried Semper. Ora egli voleva mostrare come gli aspetti romantico-neoclassici, adeguatamente "depurati" e rimeditati, fossero conciliabili con elementi razionalistici e funzionali e potessero al tempo stesso acquisire spessore. Nel 1894 Wagner ricevette l'incarico di costruire la ferrovia urbana, la diga e la chiusa a Nussdorf. Quattro anni dopo fu incaricato della costruzione delle banchine lungo il canale del Danubio e dell'impianto di sbarramento Kaiserbad (con al centro lo "Schützenhaus"). La ferrovia urbana fu portata a termine nel 1901, le banchine nel 1908. Contemporaneamente Wagner si dedicò ad altre opere edili (o a progetti non realizzati). Wagner portò a compimento i suoi molteplici incarichi con l'aiuto di quei collaboratori e discepoli che più tardi – divenuti autonomi – avrebbero caratterizzato quella che doveva entrare nella storia dell'arte e dell'architettura come "Wagner-Schule"; questa scuola continuò ad operare ben oltre la monarchia e gli iniziatori di tale scuola. Uno di questi discepoli fu Max Fabiani, sui cui appunti presi durante le lezioni all'Accademia si basa ciò che caratterizza lo scritto programmatico "Moderne Architektur" di Wagner. Questa opera apparve nel 1895 e fu ristampata nel 1899 e nel 1902 col titolo "Die Baukunst unserer Zeit" e tradotta in diverse lingue. Due anni dopo (1897) ebbe luogo la prima pubblicazione di progetti d'architettura "della Wagner-Schule", in una collana che proseguì fino al 1910. Il 1897 fu l'anno della fondazione della Secessione di Vienna, a cui però Wagner aderì solo nel 1899, con grande scalpore e con disapprovazione della sua clientela borghese, perché ciò significava l'abbandono della Künstlerhaus, situata al bordo della Karlsplatz, protetta in alto loco e che allora godeva di grande prestigio, ma ormai sorpassata. Torneremo a parlare di questo. Il collaboratore di Wagner, J. M. Olbrich, avrebbe poi lasciato Vienna, per dedicarsi alle opere della colonia d'artisti di Darmstadt. Anche Max Fabiani, che lasciò a Vienna numerose importanti costruzioni, si congedò per trasferirsi a Gorizia, mentre Josef Plečnik si fece un nome a Praga ed a Lubiana. Gli impulsi dati da Wagner furono recepiti dai suoi collaboratori e ulteriormente sviluppati a livello individuale, perfino in California, ad opera di Richard Neutra, che ne aveva subito l'influenza, e di Rudolph Michael Schindler.

Il maestro, amico e pigmalione aveva da offrire loro più di un mero colore locale; questo fu dato piuttosto, con lo spirito della "Vienna 1900", da Friedrich Obmann, avversario di Wagner all'Accademia e direttore di una seconda "classe speciale". Di quest'ultimo, Wagner aveva decisamente ampliato, in parte anche oggettivato, l'interpretazione romantizzante dello Jugendstil, senza rinunciare ad elementi decorativi e figurativi: al contrario. Wagner seppe integrarli organicamente anche nelle sue costruzioni funzionali; essi non costituiscono una mera aggiunta, un accessorio, bensì assolvono a loro volta una funzione, accentuando determinate parti della costruzione o limitandole, oppure servono da pratica protezione della facciata, come nel caso delle piastrelle nella cosiddetta Casa della maiolica nella Linke Wienzeile.

Il modo in cui una cosa si integra nell'altra, quali sensazioni estetiche possono essere ottenute accentuando la funzionalità ed il materiale utilizzato (abbinando ad esempio metallo e pietra, materiali leggeri e materiali pesanti, concatenando determinate parti e determinate forme): tutto ciò diviene percettibile, in grande e in piccolo, solo percorrendo passo per passo l'universo architettonico di Wagner. Questo deve essere preso alla lettera. È pur vero che il genio di Wagner può essere riconosciuto rapidamente, soprattutto di fronte a quelle opere su cui dapprima si getta solo un primo sguardo indagatore, come dalla Georg-Coch-Platz sull'edificio della Cassa di risparmio postale, per poi esaminarne l'interno; oppure quando si contempla la diga di Nussdorf (peraltro modificata e guastata dalla strada sopraelevata, in spregio ai principi di Wagner), o un padiglione della ferrovia urbana o il tracciato di un ponte.

Le vere e proprie caratteristiche peculiari, però, si rivelano a chi osserva il cammino di Wagner penetrando nell'intima essenza della sua opera, che chiede di essere valutata, esplorata, non solo con gli occhi, ma con tutto il corpo in movimento davanti a un edificio e nel suo interno. È consigliabile, come primo approccio, sedersi in una carrozza della ferrovia urbana a Heiligenstadt e farsi trasportare a Hütteldorf o all'ufficio della dogana centrale (stazione Wien Mitte), in un alternarsi di tratti sotterranei e sopraelevati, e sperimentare dal vivo la sequenza del paesaggio urbano e il modo in cui Wagner lo ha affrontato. Dopo, però, bisogna conquistare una stazione dopo l'altra, perché ognuna di loro, pur avendo la medesima tipologia, presenta un volto diverso, riconoscibile nei suoi elementi peculiari solo dopo che i lavori di restauro e di pulizia hanno eliminato l'usura e lo sporco accumulatosi nel corso di decenni. L'architetto o i suoi assistenti hanno reagito in funzione delle situazioni topografiche o urbane, anche costruendo viadotti, scarpate, scale, griglie, o apportando delimitazioni, e curando ogni particolare. La molteplicità di queste reazioni è determinata dalle necessità prestabilite, in quanto Otto Wagner costruiva le sue strutture quasi come una città nella città, superando le massime estensioni e con punti di riferimento centrali. Essi vanno, ad esempio, dalla chiesa sullo Steinhof al margine del Bosco Viennese, o dal sanatorio per malati di lupus sul Wilhelminenberg, fino al canale del Danubio. Le costruzioni di Wagner sembrano essere collegate da un ponte immaginario, ma anche da connessioni reali; la casa unifamiliare con lo stabile di grandi dimensioni, l'ospedale con la chiesa, l'edificio pubblico con la via di comunicazione. L'esigenza tecnica stringe un'alleanza con quella artistica. Al singolo elemento viene dedicata un'attenzione particolare (in ciò risiede il segreto di un effetto globale): l'ingresso, l'avancorpo, la scala, l'ascensore, il cornicione del tetto, i mobili e le attrezzature sanitarie e pratiche, studiate nei minimi dettagli. I vari elementi sono correlati. Tutto appare assoggettato ad una volontà formale, tutto sembra scaturire da una sola mente che ha concepito la metropoli prima di realizzarla. "L'estensione di una metropoli" – scrisse Wagner nel 1911 – "secondo la nostra attuale sensibilità deve essere illimitata". Nell'architetto che lavora in essa egli vedeva "il coronamento dell'uomo moderno". Orbene, così era una volta.

Se le cose fossero andate secondo le concezioni di Wagner, e se non gli fosse venuta meno la simpatia dei potenti e delle persone influenti, man mano egli articolava con chiarezza le proprie idee, Vienna avrebbe oggi un aspetto diverso. Anche se la città appare innegabilmente plasmata dal suo operato, soprattutto sul finire del secolo, molte delle sue idee costruttive si trovano solo disegnate sulla carta, elaborate artisticamente e corredate da raffinati elementi decorativi. Il progetto di configurare in base alla sua personale concezione la Wienzeile verso la Karlsplatz rimase irrealizzato. Se ciò si fosse compiuto, la Karlsplatz oggi avrebbe un "volto", e comunque la zona compresa tra il palazzo della Secessione e la chiesa di San Carlo si presenterebbe in modo diverso ai passanti che la percorrono. Proprio nella posizione in cui gli fu impedito di costruire un museo, si trovano due padiglioni della ferrovia urbana, eretti come assurdi monumenti commemorativi su un'altura, in modo tale che appaiono fuori posto, non più integrati nel nuovo complesso della metropolitana. In modo analogo si è proceduto anche in altre località, a motivo di ristrutturazioni e di nuove costruzioni, a seguito di esigenze urbanistiche resesi necessarie. In molti casi si è appresa e sperimentata la gestione del retaggio di Wagner quando per le unità centrali era già troppo tardi, come nel caso delle stazioni di Hietzing o di Meidling, sostituite da nuovi "edifici per i trasporti".

La Karlsplatz, però, rimase importante per Wagner non solo a motivo del fallimento dei suoi sforzi per conferire a questa zona una sistemazione adeguata. Là "regna" la chiesa di San Carlo di Fischer von Erlach. Essa fa ricordare che Otto Wagner ha raccolto una grande eredità o si è misurato con essa, non per realizzare delle copie o per utilizzarla come una sorta di miniera di forme stilistiche, ma per esprimere una continuità in larga misura interrotta dopo di lui. La sua chiesa sullo Steinhof si misura con il "bizantinismo" di Fischer – altre opere con il Palladio o con il primo rinascimento fiorentino – vale a dire con forme caratteristiche che egli trasforma e ricrea, o che utilizza sotto l'impronta di una mutata presa di coscienza.

La chiesa sullo Steinhof si presenta come il primo edificio sacro moderno e, oltre a ciò, come opera d'arte totale. Wagner fu uno degli ultimi architetti che seppero coinvolgere l'artista figurativo nei loro progetti, già in fase di progettazione. Egli lo fece in modo tale che pittori e scultori, che altrimenti sarebbero in molti casi caduti nell'oblio, poterono passare ai posteri tramite lui. Nel caso della chiesa sullo Steinhof si tratta ad esempio di Leopold Forstner, che aveva già creato mosaici in vetro per un solitario, come può essere considerata la seconda Villa Wagner nella Hüttelbergstrasse. Oppure Othmar Schimkowitz, i cui angeli sul portale principale della chiesa determinano, in forma modificata, la soluzione del tetto nell'edificio della Cassa di risparmio postale. Kolo Moser, presente nella chiesa sullo Steinhof con dei mosaici, aveva già creato i medaglioni dorati del N° 38 della Linke Wienzeile. Rudolf Weyr è rimasto impresso nella nostra memoria grazie ai suoi leoni di bronzo nella diga di Nussdorf, Remigius Geyling e il suo atelier per merito delle vetrate nella chiesa sullo Steinhof. A prescindere dai propri interventi artistici, quando si trattava di perfezionare determinati particolari, Wagner ha conferito ad apparecchiature così semplici, come i diffusori d'aria calda nella sala sportelli della Cassa di risparmio postale, quella qualità plastica che sembra anticipare ciò di cui, molto tempo dopo, si sarebbero occupati i designer e gli artisti creatori d'oggetti. Forma e funzione concordano tuttora, anche se questi "oggetti" ora servono da aspiratori d'aria.

In altri casi si è operato con scarsa accuratezza, quando si trattava di elementi il cui scopo o la cui importanza, nell'ambito di un complesso accuratamente concepito, apparivano oscuri ai produttori di nuove soluzioni tecnico-costruttive. Molte cose sono state distrutte o irrimediabilmente danneggiate. Già il progetto generale di Wagner per la "metropoli illimitata" è comunque rimasto incompiuto; i collegamenti trasversali fra le circonvallazioni circolari, concepiti per il sistema della ferrovia urbana, non furono mai realizzati. Solo negli anni Settanta e negli anni Ottanta si è iniziato a preoccuparsi dello stato di conservazione di ciò che era stato realizzato; il ponte sulla Wienzeile è stato salvato solo in extremis dalla distruzione o dalla messa fuori servizio, grazie a manifestazioni di protesta. La stessa cosa è avvenuta per lo Schützenhaus. Senza il risveglio di interesse per questa opera unica in Europa, motivato dall'apprezzamento e sostenuto con adeguate pubblicazioni – interessamento riguardo al quale ha svolto un ruolo determinante una generazione di giovani architetti, di ben altra levatura rispetto a quegli specialisti megalomani capaci solo di elevare enormi blocchi tra il Ring e il Danubio – non sarebbe stato possibile scattare numerose fotografie che arricchiscono questo volume. Ora queste foto ci servono da guida per mostrare quanto, essenzialmente nel corso di trent'anni, poté sorgere, e modificare l'immagine di una città, conferendole un'impronta inconfondibile, e che può, ora come allora, servire da pietra di paragone.

Molte cose, da allora, sono cadute nell'oblio e sono state disimparate in un campo in cui, già ai tempi di Wagner, gli estremi si toccavano. Il suo esempio, l'opera dei suoi discepoli, avevano costituito un punto di riferimento per numerosi contemporanei che a loro volta, sia pure in modo ben più modesto, hanno svolto un ruolo di pionieri. Senza Wagner, sarebbero divenuti, come molti altri, vittime di una sterile concezione utilitaristica: senza idee, privi di senso di responsabilità, senza cultura. In questo contesto si può ripetere ciò che Hans Tietze, il miglior esegeta ed intenditore d'arte del suo tempo, aveva scritto, quattro anni dopo la morte di Wagner, nell'incipit di un sottile libriccino: "Il nome di Otto Wagner ha un timbro più sonoro di quello che di solito hanno i nomi degli artisti austriaci. In lui risuona qualcosa di universale … e per ritrovarlo, nella storia dell'architettura del nostro paese, dobbiamo risalire fino a Fischer von Erlach."

6 Otto Wagner, Aquarell von Egon Schiele, 1910

Kristian Sotriffer
Quelques précisions concernant Otto Wagner

Otto Wagner était fortement ancré dans son époque. Il s'est servi de formules ou de moyens architecturaux traditionnels et en a expérimenté de nouveaux. Il était suffisamment doué que pour se détacher des schémas de pensée traditionnels et des idées toutes faites sans pour autant les rejeter complètement. Il s'amusait à jongler avec des techniques nouvelles et des matériaux originaux, qu'il avait toujours l'art d'utiliser à bon escient. Il épuisa toutes les possibilités d'orientation que lui offrait le passé et puisa de nouvelles idées dans la confrontation avec la vie moderne et ses nécessités.

Le processus d'identification à l'histoire et la pulsion vers l'avenir liés à cette démarche l'amenèrent à développer des théories parfois difficilement applicables. Il sut faire profiter ses contemporains, ainsi que les générations leur succédant, de ses acquis et leur transmettre des connaissances qui, au départ de son œuvre, continuent à faire autorité. Il avait gagné, à un certain moment donné, une telle certitude et une telle conviction du bien-fondé de ses théories qu'il se montrait piqué au vif lorsque des «profanes» se permettaient d'émettre un jugement.

Il s'explique sur son attitude catégorique dans un chapitre «Über die Kunstkritik», en appendice à son traité sur l'architecture moderne «Die Baukunst unserer Zeit», conçu comme un manuel à l'usage des jeunes architectes. Il s'exprime avec une certaine suffisance, certain que les idées qu'il défend en matière d'architecture lui survivront, «et même qu'elles resteront valables, tant que l'art vivra...». A l'encontre de tous les nombreux détracteurs qu'il eut de son vivant, il devait avoir raison sur ce point.

Quiconque visite la ville de Vienne, la parcourt et y circule, ne peut manquer de passer par l'artère centrale, la Ringstrasse, dont il aura déjà entendu vanter les bâtiments remarquables qui la bordent. Wagner, lui, y approuve juste l'opéra – toutefois avec des réserves – avant tout parce que dans le cas de l'opéra «la conception est judicieusement adaptée aux besoins fonctionnels (acoustique, esthétique, confort, aération)» et qu'il s'agit là d'un aspect auquel on «n'attachera jamais assez d'importance» et qui devrait «être la prémisse de toute œuvre créatrice», et que Wagner cherchera en vain chez les autres éclectiques, par exemple chez l'architecte du soi-disant «magnifique» hôtel de ville ou du parlement qui se trouve à côté. Pour Wagner, il s'agissait là «d'accidents monumentaux», auxquels, hélas, devaient encore venir s'ajouter quelques-uns et «les jugements prononcés sur l'art par des non-architectes», venant encourager la construction de tels édifices auraient, selon lui, eu et ont toujours un «effet désastreux» sur l'art.

En dépit de l'exemple fourni par Wagner, et dont depuis même ses successeurs un peu infatués se réclament encore, qu'y a-t-il de changé depuis son plaidoyer en faveur de l'utile et du fonctionnel, critères indispensables à la beauté ?

De nouveaux éclectiques et architectes, férus de constructions monumentales, ont tenté de s'intégrer à l'ancienne Ringstrasse – en invoquant au besoin les bâtiments qui s'y trouvent déjà.

L'espoir caressé par Wagner, que la postérité intervienne pour remettre à sa place «la fausse critique» (il entendait par la glorification des mauvais exemples), s'est démenti. Par ailleurs, l'esprit pratique a connu un nouvel essor et s'est suffisamment imposé – aujourd'hui, après maintes tergiversations également chez les protecteurs de monuments historiques – pour que l'œuvre de Wagner puisse être considéré comme classée. Même si beaucoup de ses œuvres sont perdues, il reste assez d'exemples qui honorent la mémoire du grand architecte et soulignent son importance, dont d'ailleurs, lui-même n'a jamais douté.

Otto Wagner (1841 à 1918) n'avait pas conquis le vieux Vienne – ce qu'on lui a permis d'édifier au centre – à l'exception du bâtiment de la Caisse d'épargne postale – cède nettement le pas à ce qu'il a construit dans la périphérie. Par contre, il a marqué de son empreinte la grande banlieue, ce tissu complexe qu'il devait modeler et caractériser comme nul de ses semblables ne l'a jamais réussi ailleurs. Ceci avant tout grâce à la diversité des tâches qu'il eut à réaliser et auxquelles il se consacra entièrement depuis qu'il avait cessé de douter de lui-même, trouvé son identité et découvert toutes les possibilités qu'il portait en lui.

L'occasion de montrer ce dont il était capable devait lui être donnée bientôt. A la suite du concours international lancé en 1892 à l'initiative de la Ville de Vienne, il se voit confier la tâche de concevoir un nouveau plan de développement, «Generalregulierungsplan», qui devait s'étendre «sur l'ensemble du territoire de la ville» de Vienne. Wagner avait la cinquantaine bien sonnée, lorsqu'il décida d'oublier ces «stupides erreurs de jeunesse», dont, à la fin de la vie, il ne voulait plus entendre parler. Parmi celles-ci figurent avant tout quelques maisons (de rapport) dans le goût historiciste qu'il avait construit tout prosaïquement pour se faire de l'argent – comme on pouvait l'attendre de tout spéculateur immobilier de l'époque.

Dans une lettre datée du 19 avril 1917, écrite un an avant sa mort, l'architecte s'en souvient: «Cela fait près de vingt-cinq ans que j'ai tenté, non par appât du gain ou par originalité, mais poussé par un spleen artistique, d'orienter mon travail d'architecte vers d'autres voies que celles empruntées jusqu'à présent» (archives de l'Académie de Vienne, cité par O. A. Graf, «Die Kunst des Otto Wagner», G. Peichl (éditeur), Vienne, 1984).

Dans son ouvrage cité en entrée, «Die Baukunst unserer Zeit» (1914, p. 39), l'on trouve ce fameux passage dans lequel il expose les concepts qui le guident:

«Toutes les créations modernes doivent tenir compte des nouveaux matériaux et des exigences du présent, si l'on veut qu'elles soient adaptées à l'homme moderne; elles doivent mettre en évidence le meilleur de nous-mêmes, notre être profond, démocratique, éclairé et intelligent; elles doivent aussi tenir compte des grandioses découvertes techniques et scientifiques ainsi que de la nature de l'homme, fondamentalement portée vers les choses pratiques – il s'agit bien là d'évidences».

A un autre endroit (p. 44), il ajoute que «quelque chose qui n'est pas pratique» ne peut «être beau». Parmi ses «recettes» – comme il appelait ses préceptes, il cite «l'adaptation rigoureusement exacte à la fonction» (jusque dans le moindre détail). Plus loin encore, «le bon choix du matériau d'exécution (il doit être facile à obtenir, se laisser travailler aisément, être durable et économique)»; ce disant, il a quelque peu surestimé la durabilité de certains matériaux, comme la fonte.

Les œuvres d'art nées de telles conceptions «seront toujours dans le style de l'art de notre époque», explique-t-il plus loin (page 135). Aujourd'hui, certaines de ses réalisations, comme le chemin de fer urbain, le barrage-écluse, les maisons le long de la Linke Wienzeile, vont bientôt fêter leur centenaire et dépassent cependant en maints points de vue la plupart des édifices et projets qui leur ont suivi. Il convient toutefois de signaler que depuis Wagner, personne (ni même un urbaniste) n'a eu la chance et la possibilité non seulement de se voir confier autant de travaux de construction mais également de pouvoir les réaliser. Artiste bâtisseur, convaincu de son talent, travailleur, ambitieux, qui se voulait artiste tout comme il se voulait technicien, ingénieur et inventeur, Wagner était un être exceptionnel, pas seulement pour son époque et il a fait école.

Wagner, successeur de Karl Hasenauer en tant que professeur titulaire à l'Académie depuis 1894, avec Joseph Maria Olbrich (le bâtisseur du bâtiment de la Sécession, dans le voisinage immédiat de l'école) comme compagnon de lutte et Joseph Hoffmann comme élève, était parfaitement préparé aux tâches qui l'attendaient. En 1890 il avait publié à ses propres frais (sa première villa, la villa Ben Tiber de la Hüttelbergstrasse, construite dans un somptueux style Renaissance et entre-temps rénovée avec peu de goût, venait juste d'être terminée deux ans auparavant) la publication «Einige Skizzen, Projecte und ausgeführte Bauwerke». Deux autres volumes devaient suivre en 1897 et 1906, un troisième quatre ans après sa mort, en 1922. Il s'agissait là d'une sorte de «catalogue», au moyen duquel il put faire connaître ses idées, les transmettre et exposer son point de vue de pionnier.

Il avait déjà gagné le concours pour le projet de rénovation urbaine, placé sous la devise «Artis sola domina necessitas», une formule empruntée à Gottfried Semper. Maintenant, il désirait montrer comment certains aspects du style romantique-néoclassique, judicieusement «épurés» et repensés se laissent combiner à des éléments fonctionnels et rationnels en gagnant en caractère. En 1894, Wagner se vit confier la construction du chemin de fer urbain, du barrage et de l'écluse de Nussdorf. Quatre ans plus tard, il fut chargé de l'aménagement des quais sur le canal du Danube, au niveau du barrage-écluse «Kaiserbad» (avec le «Schützenhaus» au centre). Le chemin de fer urbain fut achevé en 1901, les travaux d'aménagement du quai en 1908. A côté de cela, il se consacra également à d'autres travaux de construction (ou dessina des projets qui ne furent jamais réalisés). Wagner parvint à venir à bout de ses multiples tâches grâce au soutien des ces collaborateurs et élèves qui plus tard – travaillant alors pour leur propre compte – devaient former ce qui bien au-delà des limites de la Monarchie allait entrer dans l'histoire le l'art et de l'architecture comme «Wagnerschule».

C'est sur les notes de cours de l'Académie de Max Fabiani, l'un de ses élèves, que se fonde le manuel «Moderne Architektur», dans lequel Wagner expose son programme. Cet ouvrage parut en 1895, fut réédité en 1899 et 1902 – sous le titre «Die Baukunst unserer Zeit» et traduit en plusieurs langues. Et c'est en 1897, deux ans plus tard, que la première publication des projets «de la Wagnerschule» vit le jour; elle parut ensuite régulièrement jusqu'en 1910. 1897 est aussi l'année de la fondation de la Sécession de Vienne. Wagner ne s'y rallia toutefois qu'en 1899, ce qui fit grand tapage et scandalisa sa clientèle bourgeoise, car cette adhésion signifiait le départ du «Künstlerhaus», situé au bord de la Karlsplatz, protégé par les plus hautes instances et, quoique désuet, très réputé à l'époque. Nous reviendrons à cet épisode par la suite.

Le collaborateur de Wagner, J. M. Olbrich, allait quitter définitivement Vienne pour se consacrer aux projets de la colonie d'artistes de Darmstadt. Max Fabiani, après avoir doté Vienne de plusieurs édifices importants, prit congé, lui aussi, pour aller s'installer à Gorizia, tandis que Josef Plečnik se fit un nom à Prague et à Ljubljana. Les idées lancées par Wagner furent reprises par ses collaborateurs pour être développées individuellement – son influence rayonna jusqu'en Californie, par l'intermédiaire de Richard Neutra et Rudolph Michael Schindler, fortement inspirés par lui.

Le maître, l'ami et le protecteur sut leur transmettre bien plus qu'une simple couleur locale, que l'on retrouverait plutôt, imprégnée de l'esprit de la «Vienne 1900», chez son rival à l'Académie, le directeur d'une seconde «classe spéciale», Friedrich Ohmann. Wagner avait sensiblement élargi et partiellement objectivé le Jugendstil enjoué, aux accents romantisants de celui-ci, sans pour autant renoncer aux éléments décoratifs et plastiques, bien au contraire. Wagner savait parfaitement les intégrer dans ses bâtiments fonctionnels en tant qu'éléments organiques; il ne les concevait pas comme de simples rajoutes ou accessoires décoratifs, mais leur assignait une fonction précise: souligner par exemple certains éléments de construction ou délimiter des parties de bâtiment, ou, dans le cas des carreaux de la «Majolikahaus» sur la Linke Wienzeile, protéger la façade.

Le sentiment que tout se tient, les sensations esthétiques qui peuvent naître de l'accentuation de la fonctionnalité et des matériaux utilisés – de la combinaison par exemple du métal et de la pierre, de matériaux lourds et de matériaux légers, la façon dont certaines parties ou formes s'engrènent, cela ne sera perceptible en gros comme en détail qu'en arpentant, pas à pas, l'univers architectural de Wagner. Ceci est à prendre à la lettre. Il est vrai que le génie de Wagner saute aux yeux lorsqu'on se trouve devant un de ces édifices, sur lequel on jette d'abord un premier regard, par exemple le bâtiment de la Caisse d'épargne postale, vu depuis la place Georg Coch, pour l'inspecter ensuite de l'intérieur. Ou lorsqu'on contemple le barrage de Nussdorf (toutefois modifié et déparé par la Hochstrasse qui tourne en dérision tous les principes chers à Wagner), un pavillon du chemin de fer urbain ou le tracé d'un pont.

Mais ce qui rend Wagner tellement différent des autres et intéressant ne se révélera à celui qui décide de suivre sa piste que lorsqu'il pénétrera dans les profondeurs de son œuvre. Car elle demande d'être parcourue, explorée – pas seulement avec les yeux, mais avec le corps tout entier qui doit se déplacer devant et à l'intérieur d'un édifice. Une bonne approche serait de prendre le train urbain à Heiligenstadt et de se laisser emmener jusqu'à Hütteldorf ou au bureau central des douanes (station Wien Mitte), dans une alternance de tronçons aériens et souterrains, de découvrir comment le paysage urbain se modifie et la façon dont Wagner en a tiré parti. Mais il faudra alors conquérir une station après l'autre, car même si la typologie ne change pas, chacune offre un autre visage – dont la personnalité n'apparaît que depuis que les travaux de ravalement et de restauration ont éliminé l'usure et la crasse de dizaines d'années. L'architecte ou ses assistants réagissaient en fonction des situations topographiques ou urbaines à résoudre, en aménageant des viaducs, des talus, des délimitations, ou encore des escaliers, des grilles ou en soignant chaque détail.

La variété des réponses apportées est précisément déterminée par la configuration des sites et leurs impératifs – car Otto Wagner construisait ses structures quasiment en tant que ville dans le ville et ce sur de très grandes étendues, ponctuées de repères centraux. Elles vont de l'église de Steinhof, à l'orée de la Forêt Viennoise, ou du sanatorium Lupus sur la montagne «Wilhelminenberg», jusqu'au canal du Danube. Les constructions de Wagner semblent reliées entre elles comme par un pont imaginaire, mais elles ont aussi des connexions réelles: la maison unifamiliale et le grand ensemble d'habitations, l'hôpital et l'église, le bâtiment public et la voie de communication. La technique forme une symbiose avec les exigences artistiques. Chaque élément individuel jouit d'une attention particulière (c'est là que réside le secret de l'effet global): l'avant-corps, l'escalier, l'ascenseur, la corniche du toit, l'ameublement et les équipements sanitaires et pratiques, étudiés jusque dans le moindre détail. Les différents éléments sont en corrélation. Tout témoigne d'une soumission à la volonté formelle, tout semble jaillir d'un seul esprit, qui a d'abord conçu la grande ville avant de la réaliser. «Selon notre sensibilité actuelle, une grande ville doit être illimitée» expliquait Wagner en 1911. Il estimait que l'architecte qui y œuvrait était le «couronnement de l'homme moderne».

Mais cela, c'est de l'histoire passée.

Car si Wagner avait pu réaliser ses idées et si la sympathie des grands et influents de ce monde ne lui avait pas été retirée à mesure qu'il articulait ses conceptions avec plus de netteté, Vienne aurait, à l'heure actuelle, un bien autre aspect. Si même la ville, justement maintenant en cette fin de ce siècle, semble indéniablement marquée par son action, une grande partie de son œuvre ne subsiste plus qu'à l'état de beau projet sur papier – dessiné avec art et panaché d'ingrédients subtils. Son projet d'aménager la Wienzeile côté Karlsplatz en lui imprimant son sceau, reste du domaine de l'utopie. Car la Karlsplatz aurait un «visage» si cela avait été selon lui, en tout cas, l'espace entre la Sécession et la Karlskirche se présenterait autrement aux passants qui le parcourent. Précisément à l'endroit où il ne lui fut pas permis de construire un musée, se trouvent deux pavillons du chemin de fer urbain qui, postés sur des élévations comme d'absurdes monuments commémoratifs, semblent mis au rancart, et ne s'intègrent plus au nouveau complexe métropolitain. On procéda de la même manière après des transformations et constructions nouvelles en d'autres endroits, pour satisfaire à des besoins urbanistiques. On commença à s'intéresser au patrimoine légué par Wagner, lorsqu'il était déjà trop tard – comme ce fut le cas pour les stations de Hietzing ou Meidling, remplacées par de nouveaux «bâtiments de transport urbain».

Wagner continuait d'attacher de l'importance à la Karlsplatz, pas seulement à cause de ses efforts avortés d'agencement approprié de cette zone. Mais c'est là que «règne» l'église St-Charles Boromée de Fischer von Erlach. Elle rappelle qu'Otto Wagner a recueilli un héritage et s'y est mesuré – non pas pour en confectionner des copies ou pour s'en servir comme une sorte de mine où puiser ses éléments de style, mais comme l'expression d'une continuité – en grande partie rompue après lui. Son église de Steinhof s'inspire du «byzantinisme» de Fischer von Erlach – d'autres bâtiments de Palladio ou de la Renaissance précoce florentine – en d'autres termes, de formes caractéristiques qu'il transforme et réinvente pour servir une conscience qui a évolué.

Son église «Am Steinhof» se présente comme le premier édifice religieux moderne et par dessus tout comme œuvre d'art totale. Wagner fut l'un des derniers architectes à associer dès le début les artistes de l'art plastique à ses projets. Et il le fit de telle manière que beaucoup de peintres et sculpteurs, qui sans lui, seraient tombés dans l'oubli, purent passer à la postérité. Dans le cas de l'église de Steinhof, citons Leopold Forstner, qui a créé les mosaïques pour le beau solitaire, comme il convient de considérer la deuxième villa Wagner dans la Hüttelbergstrasse. Ou Othmar Schimkowitz, dont l'ange au-dessus du grand portail de l'église se retrouve, dans une forme quelque peu modifiée, sur le toit du bâtiment de la Caisse d'épargne postale.

Kolo Moser représenté à l'église «Am Steinhof» avec des mosaïques, avait déjà créé les médaillons dorés de n° 38 de la Linke Wienzeile. Rudolf Weyr nous reste en mémoire grâce à ses lions de bronze qui gardent le barrage de Nussdorf; Remigius Geyling et son atelier grâce à ses vitraux de l'église «Am Steinhof». Lorsqu'il s'agissait de l'arrangement de certains détails, Wagner avait l'art de donner à certains équipements tout simples, comme le pulseur d'air chaud de la salle des guichets de la Caisse d'épargne postale une qualité plastique qui semble préfigurer ce qui bien plus tard, devait devenir le terrain de prédilection des architectes d'intérieur et artistes designers. La forme et la fonction sont en accord parfait, même si ces «objets» servent maintenant d'aspirateur d'air.

Dans d'autres cas, des éléments dont l'utilité ou la signification, au sein d'un ensemble soigneusement élaboré, restait obscur aux producteur de nouvelles techniques de construction, ont été plutôt malmenés. Beaucoup a été détruit ou mutilé. N'empêche que le plan de développement d'une «grande ville illimitée» est resté un ouvrage inachevé et l'était déjà à l'époque; les connexions transversales conçues pour le réseau de chemin de fer urbain, entre les ceintures de contournement n'ont jamais été réalisées. Ce n'est que dans les années soixante-dix et quatre-vingt qu'on a commencé à se préoccuper de l'état de conservation de ce qui avait déjà été réalisé; le pont qui passe au-dessus de la Wienzeile ne fut sauvé qu'in extremis parce que les protestations contre sa démolition ou sa mise hors service avaient été suffisamment vives. Il en va de même pour le «Schützenhaus». Sans l'intérêt, suscité et réanimé à force de publications, pour une œuvre unique en Europe, que l'on doit sans aucun doute à une nouvelle génération d'architectes qui s'avère être d'une autre trempe que ces spécialistes mégalomanes, tout juste bon à élever d'énormes blocs entre le Ring et le Danube, de nombreuses photos qui étoffent cet ouvrage, n'auraient pu être prises. Maintenant, elles vous montrent ce qui, dans l'espace de trente ans environ, a pu être réalisé, elles vous conduisent vers ce qui a modifié et personnalisé l'image de la ville, et qui peut, aujourd'hui comme jadis, servir d'exemple. Depuis lors, beaucoup s'est perdu, désappris dans un domaine où déjà du temps de Wagner, les extrêmes s'étaient touchés. De nombreux contemporains de Wagner se sont inspirés de son exemple, de l'œuvre de ses élèves et eux, à leur tour – quoique de façon bien plus modeste – ont fait œuvre de pionnier. Sans Wagner, ils seraient devenus, comme tant d'autres, victimes d'une façon de penser utilitaire et stérile: dépourvus d'imagination, de responsabilité et de culture. Dans ce contexte, on ne peut que répéter à l'instar du grand connaisseur et interprète en matière d'art de son époque, Hans Tietze, qui écrivit ces mots quatre ans après la mort d'Otto Wagner: «Le nom d'Otto Wagner a plus de résonance que celui qu'ont généralement les artistes autrichiens. Il a quelque chose d'universel ... et dans l'histoire de l'architecture de notre pays, il faut remonter jusqu'à Fischer von Erlach pour retrouver quelque chose de semblable.»

Die Architektur von Otto Wagner hat eine eigene Faszination, der man sich bei näherer Betrachtung kaum entziehen kann. Meine Begegnung mit ihr war vorerst eine oberflächliche. Als Benützer der Stadtbahn und als Besucher der Kirche am Steinhof. Intensiver wurde mein Interesse beim Durchblättern von Bildbänden über seine Architektur, später beim Studium der Fachliteratur, bei der mir seine Zeichnungen auffielen. Überhaupt die Zeichnungen. Das waren Meisterwerke auf Papier. Im Gegensatz dazu bemerkte ich immer wieder die unbefriedigende fotografische Darstellung seiner Architektur.

Die optische Degradierung des Nußdorfer Wehrs durch eine Stelzenstraße war für mich Anlaß, sämtliche Gebäude von Otto Wagner zu fotografieren, um eine optische Konservierung – ohne modernistischem Beiwerk – sicherzustellen. So entstand meine erste Reihe von Fotos über das Bauen Otto Wagners. Dann ging es Schlag auf Schlag: eine Ausstellung folgte der anderen. Auch im Ausland waren meine Arbeiten gefragt. So sehr, daß ich einen zweiten Zyklus zusammenstellen mußte, um meine Exponate an verschiedenen Orten gleichzeitig zeigen zu können. Mein erstes Buch wurde aufgelegt: „Otto Wagner, 40 Photographien von Walter Zednicek", Edition Tusch. Bildbände über die Architektur von Adolf Loos und Josef Hoffmann folgten.

Eigentlich müßte ich mich bei Otto Wagner für seine Starthilfe bedanken. Immer wieder nahm ich die Bücher über sein Wirken als Architekt zur Hand, um seine Zeichnungen darin zu bewundern. Der Gedanke lag also nahe, diese in einem Buch meinen Fotografien gegenüberzustellen.

Die Kunstkritiker seiner Zeit haben Wagners Arbeit durchaus lebendig und reizvoll beschrieben. Einige Auszüge aus ihren Veröffentlichungen ergänzen daher die Beschreibungen der Bauten in diesem Band. Auch schien mir interessant zu sein, was Wagner selbst über das eine oder andere seiner Werke gesagt hat.

Ich hoffe, daß das Lesen dieses Buches ebenso vergnüglich ist, wie das Betrachten der Bilder.

Walter Zednicek

The architecture of Otto Wagner has a special fascination. And it seems that the more you study it, the more fascinating it becomes. My encounter with Wagner´s architecture was initially a superficial one. Like most Viennese, I commuted on the Stadtbahn and had visited the Church am Steinhof. But my interest in Wagner was aroused one day while paging through some photography books on his architecture. I began studying specialized literature and discovered his drawings. I was immediately captivated (...) these were truly masterpieces on paper! However, in contrast to these drawings, I noticed with dismay that most of the photographs of his work were less than satisfactory.

When the view of the Nußdorf Dam was blemished by the construction of an elevated street, I decided to take action and to photograph all of Otto Wagner´s buildings to ensure their optical preservation - without any modernistic accessories. The result was my first photo series on the architecture of Otto Wagner. Suddenly, everything happened very quickly: exhibition followed exhibition. I was increasingly asked to show my work abroad and I soon found it necessary to put together a second series to enable me to exhibit my work at different places simultaneously. I published my first book: „Otto Wagner, 40 Photographien von Walter Zednicek", Edition Tusch. This was followed by books of photographs of the architecture of Adolf Loos and Josef Hoffmann.

Actually, I should thank Otto Wagner for his initial help. Again and again, I found myself leafing through the various books on his architecture to admire his drawings. I decided to put together a book which would contrast his drawings with my photographs of his architecture. As a supplement to the descriptions of the photographs presented in this volume, I have included excerpts of writings by various art critics of the era, who vividly and charmingly describe Wagner´s work.

I hope you enjoy the photographs and drawings, and their accompanying texts.

Walter Zednicek

L'architettura di Otto Wagner ha un proprio fascino, a cui è ben difficile sottrarsi, non appena la si osserva con maggiore attenzione. Il mio primo incontro con lui è stato alquanto superficiale, in quanto utilizzatore della ferrovia urbana e visitatore della chiesa sullo Steinhof. Il mio interesse si è intensificato sfogliando i volumi illustrati, riguardanti l'opera di Wagner, e, successivamente, dedicandomi allo studio della letteratura specializzata, durante il quale ciò che mi ha impressionato sono stati i suoi disegni. E quali disegni! Essi sono autentici capolavori sulla carta. A differenza dei disegni, mi ha sempre colpito l'insoddisfacente rappresentazione fotografica delle sue opere.

La veduta della diga di Nussdorf, irrimediabilmente compromessa dalla costruzione di una strada sopraelevata, mi ha indotto a fotografare tutte le opere di Otto Wagner, per assicurarne la loro conservazione visiva, senza aggiunte moderniste. È così nato il primo ciclo di fotografie dedicate all'opera di Otto Wagner. Poi ho proseguito, passo dopo passo, mostra dopo mostra. I miei lavori erano richiesti anche all'estero, tanto che ho dovuto realizzare un secondo ciclo, per potere presentare le mie foto in più luoghi contemporaneamente. Fu pubblicato il mio primo libro: "Otto Wagner, 40 Photographien von Walter Zednicek", Edition Tusch. Hanno poi fatto seguito altri libri illustrati sull'architettura di Adolf Loos e di Josef Hoffmann. A dire il vero, dovrei ringraziare Otto Wagner per l'impulso che mi ha dato all'inizio. Instancabilmente consultavo i libri sulla sua opera di architetto, per ammirarne i disegni. Del tutto ovvia, quindi, è stata l'idea di porre a confronto, in un libro, i suoi disegni e le mie fotografie.

I critici d'arte del suo tempo hanno descritto con grande vivacità e in modo affascinante le opere di Wagner. Per questa ragione, alcuni estratti delle loro pubblicazioni completano le descrizioni degli edifici nel presente volume. Ho ritenuto interessante anche ciò che lo stesso Wagner ha detto riguardo ad alcune sue opere.

Spero che la lettura di questo libro sia piacevole come la contemplazione delle immagini.

Walter Zednicek

L'architecture d'Otto Wagner exerce une étrange fascination à laquelle il est difficile de se soustraire dès qu'on la regarde d'un peu plus près. Mon premier contact avec elle était superficiel, je la connaissais en tant qu'usager du chemin de fer urbain ou visiteur de l'église de Steinhof. Mais mon intérêt s'est avivé lorsque j'ai commencé à feuilleter des ouvrages de photographies illustrant son architecture, et plus tard en me penchant sur la littérature spécialisée qui me permit de découvrir ses dessins. Et quels dessins ! De véritables chefs-d'oeuvres couchés sur papier. Par contre, j'ai du constater bien des fois que la représentation photographique de son architecture laissait à désirer.

La route surélevée qui est venue déparer le barrage de Nußdorf m'a incité à photographier tous les bâtiments d'Otto Wagner, pour conserver intacte au moins leur image, sans ajoutes modernistes. C'est ainsi qu'est né mon premier cycle de photos sur l'architecture d'Otto Wagner. Ce fut le coup d'envoi, car après, il y eut une exposition après l'autre. Même à l'étranger, mes travaux étaient demandés, si bien que j'ai dû composer un second cycle afin de pouvoir exposer mes photos à plusieurs endroits à la fois.

Mon premier livre . "Otto Wagner, 40 Photographien von Walter Zednicek" parut aux éditions Tusch et fut suivi par d'autres livres de photographies sur l'architecture d'Adolf Loos et de Josef Hoffmann.

Au fond, je devrais remercier Otto Wagner pour le coup de pouce qu'il m'a donné au départ. Car je ne cessais de reprendre les livres sur son architecture en main, pour admirer ses dessins. C'est ainsi que m'est venue l'idée de les mettre en parallèle avec mes photos dans un livre. Les critiques d'art de l'époque ont donné des descriptions très vivantes et charmantes des ouvrages de Wagner, dont j'ai repris certains extraits pour compléter la description de ses bâtiments.

Je vous souhaite beaucoup de plaisir à la lecture et la contemplation de ce livre.

Walter Zednicek

7 Einige Skizzen, Band I, Titelblatt, 1889

8 Miethaus Schottenring 23, 1877, Fassade

Frühe Bauten

Otto Wagner hatte die denkbar besten Lehrer seiner Zeit: Siccard von Siccardsburg und Eduard van der Nüll, die Erbauer der Wiener Staatsoper.

Entsprechend dem Zeitgeschmack baut er seine ersten Häuser im Stil des Historismus. Bei vielen dieser Bauten hat er die Spuren verwischt, da eine seiner Überlegungen darin bestand, daß ein Architekt seine volle geistige Reife erst mit dem vierzigsten Lebensjahr erreiche. Zur allgemeinen Überraschung wendete sich Wagner später einem neuen Baustil zu. Dieser Stil gründete sich auf den Zweck, das Material und die Konstruktion eines Baues; er nannte ihn daher „Nutzstil".

Schon früh hat sich bei Wagner ein Grundsatz durchgesetzt: bei einem Hausbau Architekt und Bauherr in einem zu sein, um das fertige Haus möglichst gewinnbringend zu verkaufen.

Le prime opere

Otto Wagner ebbe i migliori maestri possibili del suo tempo: Siccard von Siccardsburg e Eduard van der Nüll, gli architetti dell'Opera di Stato di Vienna.

Wagner costruì le sue prime case, secondo il gusto dell'epoca, nello stile dello storicismo. In molte di queste opere egli ha fatto sparire le proprie tracce, perché riteneva che un architetto raggiungesse la propria completa maturità intellettuale solo dopo aver compiuto i quarant'anni. Con sorpresa generale, Wagner si dedicò successivamente ad uno stile architettonico nuovo, i cui fondamenti erano lo scopo, il materiale e la costruzione dell'edificio: per questa ragione egli lo definì "stile funzionale".

Wagner si impose fin dai primordi un principio basilare: essere al tempo stesso, nella costruzione di un edificio, architetto e committente, allo scopo di vendere con il massimo profitto possibile la casa portata a termine.

Early buildings

Otto Wagner had the best possible teachers of his time: Siccard von Siccardsburg and Eduard van der Nuell, the architects of the Vienna State Opera.

In accordance with the taste of his era, Wagner constructed his first buildings in the Historistic style. In the case of many of these buildings, he later destroyed all traces to himself because he was convinced that an architect did not reach full intellectural maturity before the age of fourty. It came as a general surprise that Wagner later devoted himself to a new architectural style. As this new style was based on the purpose, the material, and the construction of a building, he named it "utility style".

Already in the early years of his career, Wagner followed the principle of being both the constructer and the architect of his buildings. This ensured that the completed building could then be sold as profitably as possible.

Premiers ouvrages

Otto Wagner a bénéficié de l'enseignement des meilleurs maîtres de son temps: Siccard von Siccardsburg et Eduard van der Nuell, les architectes de l'opéra de Vienne.

Ses premières maisons, il les construisit selon le goût du jour, dans le style historiciste. Dans nombre de ces bâtiments, il a masqué son empreinte, car il estimait qu'un architecte n'atteignait sa pleine maturité intellectuelle qu'à l'âge de quarante ans. A la surprise générale, Wagner a adopté ultérieurement un nouveau style de construction fondé sur l'utilité, le matériau et la construction d'un bâtiment; c'est pourquoi il l'appelait «style fonctionnel».

Un principe s'est imposé de bonne heure à Wagner: être à la fois architecte et maître d'ouvrage de la construction, afin de vendre la maison achevée avec un bénéfice maximum.

Das Miethaus Stadiongasse 6–8, 1882

Dieses Haus provozierte eine wahre Lobeshymne von Lux, die hier wiedergegeben sei:

„Vor dem Haus in der Stadiongasse bin ich niemals vorüber-gegangen, ohne mit besonderem Respekt emporzublicken. Äußerlich unterscheidet es sich nicht sehr wesentlich von den anderen Wagner-Häusern der Frühzeit; es hat die glei-chen Charakterzüge wie die anderen, die mit ihrem kräftigen rustikalen, hoch hinaufreichenden Untergeschoß, dem scharfteilenden Gesims und dem leichteren Oberbau immer ein wenig an den italienischen Palazzo erinnern. Das trifft bei der Länderbank (Seite 43) ebensogut zu wie bei dem an-mutigen Barockpalais am Rennweg (Seite 38), vor allem aber in den Miethäusern am Schottenring (Seite 29), in der Univer-sitätsstraße (Seite 36) u. a., obgleich bei den letzteren anstelle des Horizontalismus ein ausgesprochener Vertikalismus durchgeführt ist, um – wohl zum erstenmal – die struktiven Elemente des Baues sichtbar hervorklingen zu lassen, eine Manifestation des Nutzstils, die zunächst Entrüstung hervor-rief. Hosenträgerhaus, spottete man damals in Wien. Heute regt sich kein Mensch mehr darüber auf, weil vertikale Glie-derungen im Sinne der struktiven Elemente in aller Welt längst zum Abc der Bauästhetik gehören.

Aber das eine Haus in der Stadiongasse 6–8, obschon der älteren Tradition huldigend, hat dennoch sein Besonderes. In allernächster Nähe ist Hansens Parlament, diese antike Mo-derne mit dem Barock-Grundriß und der Wucht des Portikus und der Säulenhalle. Hier ist majestätische Größe und Ruhe, die einen Teil des Rings in antike Weihestimmung versetzt. (…)

Vollends überwältigt und ergriffen ist man beim Betreten des Vestibüls. (Seite 33), Man tritt leise auf, soviel Hoheit ist in dem Raum und so viel Größe, daß man gar nicht merkt – wie klein er ist. Wie ist diese kolossale Wirkung erreicht? Durch den Geniestreich, die Stellung der Säulenpaare gegen den Hintergrund zu verengen, so daß die Illusion einer gewalti-gen Perspektive entsteht. Ohne Materialaufwand, durch blo-ße Form, die im Grundriß steckt, ist diese Wucht erreicht. (Seite 32), Darin ist absolute Größe, die nicht nach Dimen-sionen gemessen werden kann. Eine Größe, die über Hansen steht.*)

The Apartment house, Stadiongasse 6-8, 1882

Lux Was full of praise for this house and the wrote the follo-wing laudatory words:

"I have never passed by this house on the Stadiongasse with-out gazing up to it with respect. Its outward appearance does not differ much from Wagner´s other early buildings; it dis-plays the same characteristic features as the others, with their mighty, rustic, high-reaching ground storys, their sharply di-viding cornices, and their sections with the upper stories, which are lighter and always somewhat reminiscent of an Ita-lian palazzo. This holds true for the Länderbank (page 43), as well as for the charming Baroque palais on the Rennweg (page 38). But it is especially evident i.e. in the apartment buildings on the Schottenring (page 29), and on the Universi-tätsstraße (page 36), although in the latter case, horizonta-lism is replaced by a pronounced verticalism, so as to - un-doubtedly for first time - visibly accentuate the building´s structural elements, a manifestation of the utility style, which at first provoked general indignation in Vienna. People scof-fingly referred to it as the „suspender house". Today, of cour-se, this building no longer causes an uproar because vertical arrangements in accordance with the building´s structural elements have long since become one of the basic principles of building aesthetics around the world.

However, this one house on Stadiogasse 6-8, despite the fact that it still pays homage to the older style, has something special about it. In its immediate vicinity is Hansen´s parlia-ment building, that antique modern structure with its Baro-que ground plan and massive portico and columned hall. A building of majestic magnitude and quietude, bestowing a mood of antique solemnity on this section of the Ring. (...)

Upon entering the vestibule (page 33) one feels deeply mo-ved and overwhelmed. The height and grandure of the room induces one to walk with quiet steps, and one fails to notice how small it actually is. How is this colossal effect achieved? Through the stroke of genius of narrowing the position of the pairs of columns toward the background, thus creating the illusion of a grand perspective. This grandeur was achieved without any expenditures for material, solely by means of the form inherent in the ground plan (page 32). This displays an absolute greatness, which cannot be measured in dimensi-ons. A greatness superior to Hansen."*)

*) Joseph August Lux Otto Wagner, Eine Monographie, Delphin-Verlag München 1914 Seite 55-57.

9 Miethaus Stadiongasse 6–8, Fassade

La casa d'affitto nella Stadiongasse 6-8, 1882

Questa casa suscitò un autentico profluvio di lodi da parte di Lux, che qui riportiamo:

"Non sono mai passato davanti a questa casa nella Stadiongasse senza volgere lo sguardo verso di lei con particolare rispetto. Esteriormente essa non si differenzia in modo essenziale dalle altre case di Wagner della prima ora; essa ha gli stessi tratti caratteristici delle altre costruzioni, che con il loro massiccio pianterreno rustico e proteso in altezza, il cornicione che segna una netta divisione e la sovrastruttura più leggera richiamano sempre, in una certa misura, il palazzo italiano. Ciò vale per la Länderbank (pag. 43) come per l'elegante palazzo barocco nella Rennweg (pag. 38), ma soprattutto per le case d'affitto nello Schottenring (pag. 29), nella Universitätsstrasse (pag. 36) ed altri, anche se, in queste ultime, invece dell'orizzontalismo è attuato un marcato verticalismo, allo scopo di evidenziare – probabilmente per la prima volta – gli elementi strutturali della costruzione, una manifestazione dello stile funzionale che dapprima provocò indignazione. Casa con le bretelle, si disse allora a Vienna con tono derisorio. Oggi nessuno si indigna più per questo, perché le articolazioni verticali, nel senso degli elementi strutturali, da molto tempo fanno parte, in tutto il mondo, dell'ABC dell'estetica dell'architettura.

Questa casa nella Stadiongasse 6-8, però, pur rendendo omaggio alla tradizione più antica, ha una caratteristica peculiare. Nelle sue immediate vicinanze si trova il parlamento di Hansen, edificio di un modernismo antico a pianta barocca e con l'imponenza del portico e del peristilio. Questa grandezza e questa pace maestose proiettano una parte del Ring in un'antica atmosfera di solennità. (…)
Entrando nel vestibolo (pag. 33), si è totalmente sopraffatti da vivissima emozione. Si avanza in silenzio, tanta è la solennità nell'ambiente e tanta è la sua grandezza, al punto che non ci si accorge affatto quanto esso sia piccolo. Come è stato ottenuto questo effetto tanto colossale? Con un colpo di genio, consistente nel restringere la posizione delle coppie di colonne contro lo sfondo, in modo da creare l'illusione di un'imponente prospettiva. Questa imponenza è ottenuta senza dispendio di materiale, tramite la mera forma insita nella pianta (pag. 34). Ciò testimonia una grandezza assoluta, non misurabile in base alle dimensioni. Una grandezza ben superiore a Hansen."*)

*) Joseph August Lux Otto Wagner, Eine Monographie, Delphin-Verlag München 1914 Seite 55-57.

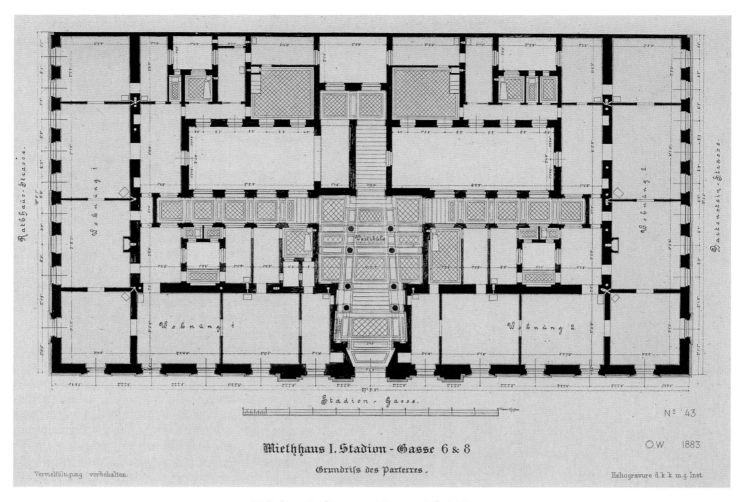

10 Miethaus Stadiongasse 6-8, Grundriß des Paterres

La maison de rapport de la Stadiongasse 6-8, 1882

Cette maison suscia l'enthousiasme de Lux qui en a fait l'éloge dans les termes les plus flatteurs:

«Jamais je ne suis passé devant cette maison de la Stadiongasse sans lever les yeux vers elle avec un sentiment de respect. Extérieurement, elle se distingue à peine des autres maisons que Wagner a construit à ses débuts, elle affiche les mêmes traits caractéristiques. Avec leur haut rez-de-chaussée, rustique et massif, la corniche qui marque une séparation bien nette et une superstructure plus légère, celles-ci rappellent un peu le palazzo italien. Cela est vrai pour la Länderbank (page 43) tout comme pour le charmant palais baroque du Rennweg (page 38) et surtout pour les maisons de rapport du Schottenring (page 29) et de la Universitätsstraße (page 36), bien que dans ces dernières, l'ordonnance horizontale ait fait place à une ordonnance nettement verticale, ceci pour souligner - probablement pour la première fois - les éléments structurants du bâtiment, une expression du style fonctionnel qui au début a soulevé l'indignation. Maisons à bretelles, les appelait-on alors à Vienne pour s'en moquer. Aujourd'hui, plus personne ne s'en émeut, cela fait longtemps déjà que l'ordonnance verticale dans le sens des éléments structurants fait partie du b a-ba de l'esthétique du

bâtiment dans le monde entier.
Mais cette maison de la Stadiongasse 6-8, bien que sanctionnant une tradition plus ancienne, a quelque chose de spécial. A quelques pas de là se trouve le parlement de Hansen, cet édifice d'un modernisme antique construit selon un plan baroque avec un péristyle et un portique imposants. Il respire la grandeur et la paix majestueuse, baignant une partie du Ring dans une atmosphère de solennité antique. (...)
Lorsqu'on pénètre dans le vestibule, on se sent complètement bouleversé est pris par l'émotion (page 33). On avance doucement, la salle dégage tant de solennité et tant de grandeur qu'on ne s'aperçoit pas combien elle est petite. Comment a-t-on pu obtenir un effet aussi grandiose? Il fallait y penser : en resserrant les paires de colonnes vers l'arrière-plan, créant ainsi l'illusion d'une perspective prodigieuse. Une idée de génie : ce décor somptueux a pu être réalisé sans dépenses supplémentaires en matériel, tout simplement par la forme qui est intégrée dans le plan (page 32). Ceci témoigne d'une grandeur parfaite, qui ne se laisse pas mesurer aux dimensions. Une grandeur qui dépasse largement Hansen»*)

*) Joseph August Lux, Otto Wagner, Eine Monographie, Delphin-Verlag, München 1914, S. 55-57.

11 Miethaus Stadiongasse 6-8, Vestibül

12 Miethaus Lobkowitzplatz 1, 1884

13 Miethaus Lobkowitzplatz 1, Detail des Hauseinganges

14 Festdekoration zum Einzug der Prinzessin Stephanie, 1881

Miethhaus IX. Universitäts - Strasse 12 .

Südseite .

N⁰ 47

O. W. 1888

Heliogravure d.k.k.m.g. Inst.

15 Miethaus Universitätsstraße 12, 1888

16 Miethaus Universitätsstraße 12, Zierdecke im Vestibül

17 Miethaus Universitätsstraße 12, Detail der Fassade

18 Wohnhaus Wagner, 1889, perspektivischer Schnitt durch die Fassade

WOHNUNG DES HERRN W. III. RENNWEG 3

BOUDOIR.

19 Wohnhaus Wagner, Rennweg 3, Boudoir

20 Wohnhaus Wagner, 1889, Rennweg 3

21 Wohnhaus Wagner, Sessel, 1889, Entwurf Otto Wagner

22 Ankerhaus am Graben, 1894, Vorentwurf, perspektivische Ansicht Ecke Graben - Spiegelgasse

23 Miethaus Spiegelgasse 2 (Ankerhaus am Graben), 1894

24 Miethaus Spiegelgasse 2, Haustor

Das Länderbankgebäude, 1882
Hohenstauffengasse 3

Der vorhin zitierte Autor Lux urteilt über diesen Bau:

„Eine zweite Genieprobe aus der Frühzeit ist die Länderbank in Wien." (Anm.: Unter der ersten Genieprobe verstand Lux die Anordnung der Säulenpaare im Vestibül des Miethauses in der Stadiongasse 6–8.) *„Ich möchte einen gewissen Teil meiner Leserschaft vorher bitten, nicht über die Fassade zu stolpern, sondern zu beachten, daß in ihrer maßvollen Haltung eine absolute Schönheit ist. Ausdrücklich sei es gesagt: Das ist nicht Stilarchitektur! Vor allem möchte ich den Grundriß der eingehenden Betrachtung empfehlen, weil hier ein Meisterstück gelungen ist. (…)*
Wer von der Straße her nach dem großen Kassensaal will, wo sich der Parteienverkehr abwickelt, kommt zuerst über ein paar Stufen hinauf in einen kreisrunden Saal, eine Art Vestibül, in deren Mitte sich die Statue der Austria erhebt. Von hier geht es geradewegs in den Parteiensaal. Es gibt kein Suchen, kein Tasten, kein Fehlgehen, man hat das Gefühl, immer geradeaus auf dem einfachsten und leichtesten Weg zu den Kassen gelangen zu können. Man hat gar nicht bemerkt, daß die Achse des Gebäudes hier einen Knick hat, der sonst so leicht den Besucher desorientiert und den Eindruck des Schiefen und Gefühlswidrigen hervorruft. Wie das hier vermieden ist?
Durch den kleinen Rundsaal, der für den Augenblick die Richtungslinien aufhebt und es gar nicht bewußt werden läßt, daß in seinem Mittelpunkt der Achsenbruch liegt. Ein kleiner Umblick im Kreis, man ist neu orientiert nach dem Hauptsaal, ohne zu wissen, daß man um eine Ecke gegangen ist, in der Meinung immer geradeaus gerichtet zu sein. Eine verblüffend einfache und eben darin so geniale Lösung."*)

The Länderbank Building (Provincial Bank Building), 1882
Hohenstauffengasse 3

Josef Lux judges this building as follows:

"A second stroke of genius from the early period is the Länderbank in Vienna." (Note: Lux considered the arrangement of the twin pillars in the vestibule of the apartment building at Stadiongasse 6–8 to be Wagner's first stroke of genius.) *"I would first like to request that a certain group of my readers do not stumble over the façade, but that they instead become aware of the absolute beauty inherent in its modest structural form. Let me emphatically point out: This is not style-architecture! I especially recommend a thorough study of the ground-plan, as it is truly a masterpiece. (...)*
To reach the main banking hall from the street, one first walks up a few steps to reach a circular hall, a type of vestibule, with a statue of Austria rising upward from its center. From here, one walks straight onward into the banking hall. There is no need to search, or to grope ones way, or be afraid of going in the wrong direction; one has the feeling that the simplest and easiest way to the banking hall is by continuously walking straight ahead. One does not notice that the building's axis is bent here, something which in other buildings so easily causes the visitor to become disoriented because it creates in him a feeling of slantedness and discomfort. How has this been prevented here?
By means of the small circular hall, in which the lines of direction are suspended for a moment without one even being aware of the fact that the bend in the axis is located in the focus point of this hall. One quickly glances around and immediately reorients oneself in the direction of the main banking hall, all the while believing one is walking in a straight line, when actually one has turned a corner. The brilliance of this solution is its astounding simplicity."*)

*) Joseph Lux, a. a. O. Seite 57 und 58.

L'edificio della Länderbank, 1882
Hohenstauffengasse 3

Lux, l'autore precedentemente citato, esprime la seguente valutazione riguardo a questo edificio:

"Una seconda prova del genio del primo periodo è la Länderbank a Vienna." (Nota: Lux intendeva per prima prova del genio la disposizione delle coppie di colonne nel vestibolo della casa d'affitto nella Stadiongasse 6-8.) *"Vorrei anzitutto pregare una certa parte dei miei lettori di non indignarsi per la facciata, ma di considerare che nella sua sobria struttura è insita una bellezza assoluta. Diciamolo chiaramente: questa non è architettura di stile! Soprattutto vorrei consigliare di esaminare a fondo la pianta, perché essa rappresenta un capolavoro. (...)*
Chi, arrivando dalla strada, desidera recarsi nella grande sala degli sportelli, in cui si svolgono le operazioni di banca, arriva anzitutto, salendo alcuni gradini, in una sala circolare, una specie di vestibolo, al cui centro si erge la statua dell'Austria. Da qui, procedendo diritti, ci si dirige verso la sala degli sportelli. Non occorre cercare, non si procede tentoni, non ci si può sbagliare, si ha la sensazione di poter arrivare alle casse procedendo sempre diritti, seguendo il percorso più semplice e più agevole. Non si è assolutamente notato che l'asse dell'edificio, qui, presenta un cambiamento di direzione, cosa che altrimenti disorienta facilmente il visitatore e suscita un'impressione di squilibrio e di disagio. In che modo è stata evitata questa sensazione?
Tramite la piccola sala circolare, che nel momento di passaggio elimina le linee direttrici e non rende assolutamente consapevoli del fatto che nel centro della sala si verifica una rottura assiale. È sufficiente una rapida occhiata circolare per essere di nuovo orientati in direzione della sala principale, senza sapere di avere compiuto un angolo, nella convinzione di essere sempre proceduti diritti. Una soluzione sorprendentemente semplice e, proprio per questo, così geniale."*)

Le bâtiment de la Länderbank, 1882
Hohenstauffengasse 3

Lux, l'auteur précédemment cité, juge ainsi ce bâtiment:

«La Länderbank à Vienne incarne une deuxième manifestation du génie de la première période (remarque: Lux considère comme une première manifestation du génie la disposition des colonnes dans le vestibule de la maison de rapport de la Stadiongasse 6–8). Je voudrais auparavant demander à certains de mes lecteurs de ne pas se focaliser sur la façade, mais d'admirer la beauté parfaite que dégage cet ensemble. Disons-le clairement: ce n'est pas de l'architecture de style ! Je leur recommande avant tout de considérer attentivement le plan d'ensemble, car il témoigne d'un chef-d'œuvre. (...)
Si vous arrivez de la rue et voulez vous rendre dans la grande salle des guichets où se déroulent les opérations de banque, vous parvenez tout d'abord par quelques marches dans une salle circulaire, une sorte de vestibule dont le centre est occupé par la statue de l'Autriche. De là vous parvenez tout droit dans la grande salle. Pas de recherches inutiles, pas de tâtonnements, pas d'erreurs; vous avez le sentiment de pouvoir toujours parvenir aux caisses en avançant tout droit, par le chemin le plus simple et le plus facile. Vous ne remarquez absolument pas que l'axe du bâtiment est ici infléchi, ce qui habituellement désorienterait le visiteur en donnant une impression de déséquilibre et d'absence de naturel. Comment cette sensation a-t-elle été évitée ?
Grâce à la petite salle circulaire qui souligne visuellement les lignes directionnelles et qui fait qu'on ne soupçonne absolument pas que son centre cache une rupture d'axe. Un rapide coup d'œil circulaire et vous être réorienté vers la salle principale, sans savoir que vous avez contourné l'angle et en étant persuadé de continuer toujours tout droit. Une solution étonnamment simple et de ce fait géniale».*)

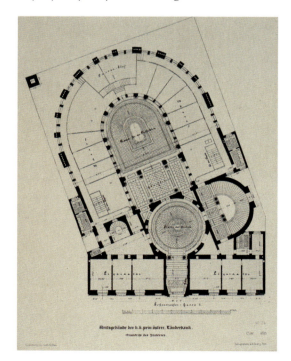

25 Amtgebäude der k.k. priv. österreichischen Länderbank, Grundriß des Parterres

*) Joseph Lux, a. a. O. Seite 57 und 58.

26 Länderbank, Schaltersaal mit Glasdecke

Amtsgebäude der k.k. priv. österr. Länderbank

Perspective des Publikumraumes.

N° 56

O W 1883

Heliogravure d k k m g Inst.

27 Amtgebäude der k.k. priv. österreichischen Länderbank, Perspektive des Schaltersaales

28 Länderbank, Ansicht des Schaltersaales

29 Länderbank, Galerie

30 Länderbank, Stiegenhaus

Villa des Herrn W. in Hütteldorf bei Wien.
Perspective. - Süden.

N° 37
O. W. 1888

31 Erste Villa Wagner, Perspektive

Die erste Villa Wagner, 1886
Hüttelbergstraße 26

Im Jahre 1886 kann es sich Otto Wagner leisten, in Hütteldorf einen repräsentativen Sommersitz für sich zu errichten. Der Bau hat die Palladio-Villen zum Vorbild.

Der Mittelteil der Villa ist betont durch eine Loggia mit ionischen Säulen in Kolossalordnung. In der rechten Pergola des symmetrischen Baus war ursprünglich ein Gewächshaus. Die Pergola wurde 1895 geschlossen und ein Billardzimmer darin eingerichtet. Auch der linke Flügel wurde 1889 wetterfest gemacht und in der Folge als Atelier benutzt.

In das Atelier wurden Glasfenster von Alfred Böhm eingesetzt. Diese hat man auf der fünften Ausstellung der Secession gezeigt.

Die Villa wurde 1911 von Otto Wagner an den Varietékönig Ben Tiber verkauft. Deswegen nennt man die Villa auch „Ben Tiber-Villa". Ben Tiber war der Besitzer des „Apollo"-Varietés, dem heutigen Apollo-Kino.

The first Villa Wagner, 1886
Hüttelbergstrasse 26

In 1886 Otto Wagner could afford to build a representative summer residence for himself in Hütteldorf. This building is modelled after villas built by Palladio.

The villa's middle section is emphasized by a loggia with colossally arranged Ionic pilars. Originally there was a greenhouse in right pergola of the symmetric building. This pergola was closed in 1895 and converted into a billard room. The left pergola was made weatherproof in 1899 and subsequently used as a studio.

Glass windows by Alfred Böhm were installed in the studio. These were shown at the fifth Secession Exhibition.

In 1911, Otto Wagner sold the villa to the night club king Ben Tiber. This is why the villa is also known as the "Ben Tiber Villa". Ben Tiber was the owner of the "Apollo"-Varieté, which today is the Apollo movie theater in Vienna.

32 Erste Villa Wagner, Blick von der Straße

La prima Villa Wagner, 1886
Hüttelbergstrasse 26

Nel 1886 Otto Wagner può permettersi di costruire per sé a Hütteldorf una residenza estiva di rappresentanza. Questo edificio prende come modello le ville del Palladio.
La parte centrale della villa è posta in evidenza da una loggia con colonne ioniche in ordine colossale. Nella pergola destra della costruzione simmetrica si trovava originariamente una serra. Nel 1895 questa pergola è stata chiusa e vi è stata allestita una sala da biliardo. Anche l'ala sinistra è stata chiusa nel 1889 e successivamente utilizzata come atelier.
In questo atelier furono installate vetrate di Alfred Böhm, presentate alla quinta esposizione della Secessione.
Nel 1911 la villa fu venduta da Otto Wagner al re del varietà Ben Tiber. Per questa ragione essa è chiamata anche "Villa Ben Tiber". Ben Tiber era il proprietario del teatro di varietà "Apollo", l'attuale cinema Apollo.

La première villa Wagner, 1886
Hüttelbergstrasse 26

En 1886, Otto Wagner a les moyens de se construire une somptueuse résidence d'été. Le bâtiment s'inspire des villas de Palladio.
Une loggia ornée de colonnes colossales d'ordre ionique vient accentuer la partie centrale de la villa. La pergola droite du bâtiment symétrique abritait initialement une serre. Elle a été fermée en 1895 et une salle de billard y a été aménagée. L'aile gauche a également été fermée et transformée en salle en 1899 pour être utilisée par la suite comme atelier.
Des vitraux d'Alfred Böhm, présentés à la cinquième exposition de la Sécession, ont été installés dans l'atelier.
Otto Wagner a vendu la villa en 1911 à Ben Tiber, le roi des variétés. C'est pourquoi, cette villa est également appelée «Villa Ben Tiber». Ben Tiber était le propriétaire du théâtre de variétés «Apollo», l'actuel cinéma Apollo.

Villa des Herrn W. in Hütteldorf bei Wien
Westen.

33 Erste Villa Wagner, Blick von Westen

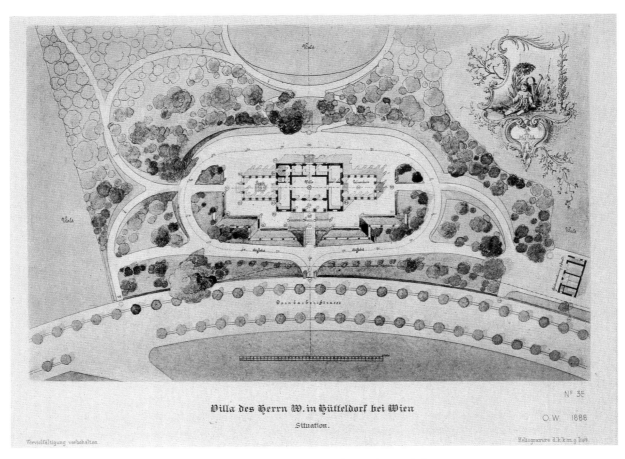

Villa des Herrn W. in Hütteldorf bei Wien
Situation.

34 Erste Villa Wagner, Lageplan und Grundriß

35 Erste Villa Wagner, Detail der Fassade

Der Wiener Kunstkritiker Ludwig Hevesi berichtete über die in der Secession ausgestellten Fenster der Villa:

„Wenn man im Mittelsaale einen Blick durch den großen Bogen rechts wirft, glaubt man in einen Sonnenuntergang zu schauen. Dort ist ein kolossales Glasfenster eingebaut; eigentlich eine Glaswand mit fünf hohen viereckigen Öffnungen, deren jede noch eine Predella unter sich hat. Es ist eine mächtige Herbstlandschaft aus Glasmosaik, richtiger ein Glasbild aus verbleiten Scherben von buntem ‚Opaleszent'. In den fünf Predellen unten hat der Künstler das rote Fallaub des Waldes geschildert; sie unterstreichen die ganze Darstellung mit einem breiten Purpurstreifen. Darüber entwickelt sich dann eine anmutige Gegend, mit Hügelwellen, Ackertafeln und schlanken, noch dichtbelaubten Bäumen, und einem kräftigen Waldstreifen dahinter, und einem blau-weiß gemengten Himmel darüber. Es ist der Mühe wert, die Grün und Blau zu zählen, aus denen der Waldstreifen des Hintergrundes zusammengesetzt ist, und den Formwitz zu beobachten, mit dem diese Mannigfaltigkeit zusammengebleit wurde. Oder auch den Himmel, an dem sich so viele feine, brillante Sachen durcheinanderjagen. Die Anregung zu diesem prächtigen Werke hat der große Anreger im neuen Wiener Kunstschaffen, Professor Otto Wagner, gegeben. Oder sagen wir statt Anregung Bestellung. Er hat nämlich sein Landhaus bei Hütteldorf, das er Sommer und Winter bewohnt, um ein neues Atelier erweitert, und darin wird diese Glasschöpfung eine Wand bilden. Die Villa steht bekanntlich in einem grünen Waldtal, der Wald schaut zu allen Fenstern herein und ringsum ist ‚Gegend'. Nichts logischeres also, als diesen Wald in Permanenz zu erklären und sogar ein wenig als lieben Hausgenossen um sich zu haben. Die heutigen Architekten sind ja wiederum Poeten, sogar … zum eigenen Gebrauche."*)

The Viennese art critic Ludwig Hevesi wrote the following report on the villa's windows exhibited in the Secession:

"When from the center hall one casts his eyes to the right through the large arch, one has the impression of looking into a sunset. A huge glass window has been installed there; actually it is a glass wall with five high rectangular openings, each one also having a praedella underneath it. It is a magnificent autumn landscape fashioned from glass mosaics; more precisely, a glass picture consisting of lead-coated glass pieces of a colorful "opalescent" quality. In the five praedellas underneath, the artist depicted leaves that have fallen from the trees in the woods; they underline the entire rendition with a broad strip of purple. Above this, a charming landscape unfolds with rolling hills, plots of land, slender, still densely foliated trees, and a mighty strip of forest behind it, with a blue-and-white-flecked sky above. It is worth the trouble to count the greens and the blues composing the strip of forest in the background and to observe the humerous forms created when these many diverse pieces were leaded together. Or the sky, with its jumble of so many fine, brilliant things. The creation of this magnificent piece of art was initiated by the great stimulator of artistic work in Vienna, Prof. Otto Wagner. Or to be more precise, he did not stimulate, but rather ordered it for the new studio he is adding to his country house in Hütteldorf, where he resides both in summertime and in wintertime. This glass creation will form one of the walls of this new studio. The villa, as the reader will know, is located in a green forest valley, the forest trees peer through all of the windows, and there is countryside all around. What could, therefore, be more logical than to declare the permanency of this forest and to want to have it around oneself like a dear family member. Today's architects have once again turned into poets, even ... for their own personal use."*)

*) Ludwig Hevesi, Aus der Secession, in: Acht Jahre Secession, Seite 198, März 1897 – Juni 1905, Kritik – Polemik – Chronik, Verlagsbuchhandlung Carl Konegen, Wien 1906.

36 Erste Villa Wagner, Billardzimmer

Villa des Herrn W. in Hütteldorf bei Wien
Speisezimmer.

N° 38

O.W. 1888

Vervielfältigung vorbehalten.

Heliogravure d.k.k.m.g. Inst.

37 Erste Villa Wagner, Speisezimmer

38 Erste Villa Wagner, Deckenstuck im Speisezimmer

39 Erste Villa Wagner, Fenster der Pergola. Entwurf von Adolf Böhm

40 Erste Villa Wagner, Fenster der Pergola

Il critico d'arte viennese Ludwig Hevesi riferì in merito alle finestre della villa esposte alla Secessione:

"Se nella sala centrale si getta uno sguardo attraverso il grande arco di destra, si ha l'impressione di contemplare un tramonto. Là è installata una colossale finestra in vetro; per la verità si tratta di una parete in vetro con cinque alte aperture quadrangolari, sotto ognuna delle quali si trova una predella. La vetrata raffigura un imponente paesaggio autunnale in mosaico in vetro, o, per meglio dire, un quadro in vetro costituito da tessere incastonate nel piombo, di variopinta 'opalescenza'. Nelle cinque predelle sottostanti, l'artista ha raffigurato le rosse foglie morte del bosco, che evidenziano l'intera rappresentazione con una larga striscia purpurea. Al di sopra si dispiega un leggiadro paesaggio di colline, riquadri di campi ed alberi slanciati, ancora ricoperti da un folto manto di foglie. Sullo sfondo una larga striscia di bosco e in alto un cielo commisto bianco azzurro. Vale la pena contare i verdi ed i blu che compongono la striscia di bosco sullo sfondo e osservare con quanta ingegnosità queste molteplici tessere siano state incastonate nel piombo. O anche il cielo, nel quale si inseguono tante immagini fini e brillanti. Lo stimolo di questa magnifica opera è stato dato dal Prof. Otto Wagner, il grande ispiratore della nuova creazione artistica a Vienna. Per meglio dire, più che di ispirazione si può parlare di ordinazione. Egli, infatti, ha arricchito di un nuovo atelier la sua casa di campagna a Hütteldorf, dove abita in estate e in inverno. Una parete dell'atelier sarà costituita da questa creazione in vetro. La villa, come è noto, si trova in una verde vallata boscosa, il bosco sembra penetrare da tutte le finestre e tutto attorno è 'ambiente agreste'. Nulla di più logico, dunque, che sancire la permanenza di questo bosco e averlo attorno a sé come un caro amico di famiglia. Gli architetti di oggi, infatti, sono di nuovo dei poeti, perfino …per loro uso personale."*)

*) Ludwig Hevesi, Aus der Sezession, in: Acht Jahre Sezession, Seite 198, März 1987 – Juni 1905, Kritik – Polemik – Chronik, Verlagsbuchhardlung Carl Konegen, Wien 1906.

41 Erste Villa Wagner, Fenster über dem Eingang der Pergola

Le critique d'art viennois, Ludwig Hevesi relate à propos des vitraux de la villa exposés a la Sécession:

«Si, dans la salle centrale, on jette un coup d'œil par la grande voûte à droite, on croit contempler un coucher de soleil. Une gigantesque fenêtre vitrée y est aménagée; en réalité, il s'agit d'une paroi en verre comportant cinq hautes ouvertures carrées dont chacune surmonte une prédelle. Elle représente un imposant paysage d'automne en mosaïque de verre, plus exactement un tableau en verre composé d'éclats enchâssés dans le plomb, d'une «opalescence» multicolore. L'artiste a symbolisé le rouge des feuilles mortes de la forêt dans les cinq prédelles inférieures; elles soulignent l'ensemble de l'œuvre d'une large bande pourpre. Par dessus s'étend un charmant paysage de collines, de champs et d'arbres élancés au feuillage encore épais, avec une large bande sylvestre à l'arrière-plan et un ciel bleu-blanc qui domine l'ensemble. Il est intéressant de compter les verts et les bleus qui composent la bande forestière de l'arrière-plan et d'observer avec quelle ingéniosité cette diversité a été homogénéisée dans le plomb. Ou le ciel, dans lequel de si nombreux motifs brillants s'entrecroisent. Le professeur Otto Wagner, grand initiateur du nouvel art viennois, a donné son inspiration à cette œuvre prestigieuse. Peut être faudrait-il parler de commande plutôt que d'inspiration. Il vient en effet d'agrandir sa maison de campagne près de Hütteldorf, qu'il habite été comme hiver, en y adjoignant un atelier dans lequel cette création de verre formera une paroi. On sait que la villa est située dans une vallée boisée, la forêt semble pénétrer par toutes les fenêtres et l'ensemble est noyé dans un environnement champêtre. Rien de plus normal donc que de faire de cette forêt un ornement permanent et de l'inviter à demeure. Les architectes actuels sont redevenus des poètes même ... pour leur usage privé».)

*) Ludwig Hevesi, Aus der Sezession, in: Acht Jahre Sezession, Seite 198, März 1987 – Juni 1905, Kritik – Polemik – Chronik, Verlagsbuchhandlung Carl Konegen, Wien 1906.

ARTIS · SOLA
DOMINA · [NE]CESSITAS

EINIGE
SKIZZEN · PROJECTE
UND · AUSGEFÜHRTE
BAUWERKE
VON
OTTO · WAGNER
ARCHITEKT
K·K·OBERBAURAT u· PROFESSOR
AN · DER · AKADEMIE · DER · BILD·
KÜNSTE · IN · WIEN
· MLCCCXCVI ·
· BAND · II

42 Einige Skizzen, Band II, Titelblatt, 1897

STADTSEITIGER=
RECHTER·BRVCKEN
PFEILER·MIT·EINER
DER·DENKSÄVLEN z
ERINNERVNG·AN·DIE
NEVGESTALTVNG von
WIEN   GALLERIE
VND EINSTEIGHALLE
DER·STADTBAHN=
ENTWORFEN VON
OTTO·WAGNER·KK
OBER·BAVRATH

O MDCCCXCVI O

43 Haltestelle Ferdinandsbrücke, Galerie und Brücke, Brückenkopf

59

HOCHBAHN-VIADUCT.
MEIDLING. SCHÖNBRUNNERSTRASSE.
(CONCURRENZ : GENERAL - REGULIERUNGS - PLAN.)

44 Hochbahn-Viadukt, Meidling (Generalregulierungsplan)

Der Generalregulierungsplan, 1892/93

Durch die Stadterweiterung Wiens im Jahre 1890, bei der Vororte wie Hütteldorf, Hetzendorf und viele andere, aber auch der Zentralfriedhof und die Ortschaften auf der anderen Seite der Donau mit der Stadt vereint wurden, zeigten sich die Probleme einer Großstadt. Fehlende Verkehrsverbindungen mußten hergestellt, die Regulierung des Donaukanals und des Wienflusses durchgeführt werden.
Im Jahre 1892 wurde der Wettbewerb für den Generalregulierungsplan für die Stadt Wien ausgeschrieben. Wagner beteiligte sich daran und gewann einen der ersten beiden Preise.

The Generalregulierungsplan, 1892/93
(General Plan for the Regulation of Vienna)

The problems of a metropolis became evident during the expansion of Vienna in 1890, when numerous suburbs, such as Hütteldorf and Hetzendorf, but also Vienna's Central Cemetary and villages on the other side of the Danube were united with the city. Missing communication lines had to be created, the Danube Canal and the Vienna River needed to be regulated.
In the year 1892, the competition for the "General Plan for the Regulation of the City of Vienna" was advertised. Wagner took part in this competition and won one of the first two prizes.

Il piano regolatore generale, 1892/93

L'ampliamento della città di Vienna nel 1890, con l'incorporamento di sobborghi come Hütteldorf, Hetzendorf e molti altri, ma anche del cimitero centrale e di località sull'altra sponda del Danubio, mise in luce i problemi di una metropoli. Si rese necessario creare le strutture dei trasporti ancora mancanti e provvedere alla regolazione del canale del Danubio e del fiume Wien.
Nel 1892 fu bandito il concorso per il piano regolatore generale della città di Vienna. Wagner partecipò a tale concorso e vinse uno dei due primi premi.

Le plan de développement, «Generalregulierungsplan», 1892/93

L'extension de Vienne en 1890, avec l'annexion des communes périphériques telles que Hütteldorf, Hetzencorf et bien d'autres et le rattachement à la ville du cimetière central et des localités de l'autre rive du Danube, a fait surgir les problèmes typiques d'une grande métropole. Il fallut développer les infrastructures de transport manquantes et réaliser la régulation du canal du Danube et du fleuve Wien.
En 1892, la ville de Vienne lance un concours pour le plan d'urbanisation général de la ville. Wagner y prit part et gagna l'un des deux premiers prix.

AVSGESTALTVNG DER QVAI
DES·DONAV·CANALES
NEVE·ASPERN·VND·FERDINANDBRVCKE
REGVLIERVNG·DES·STVBENVIERTELS
VON·OTTO·WAGNER·

45 Präsentationsblatt; Ausgestaltung des Kais des Donaukanals, neue Aspernbrücke, Regulierung des Stubenviertels

46 Entwurf für die Haltestelle Westbahnhof

Die Wiener Stadtbahn, 1894/1900

Die 1892 gegründete „Commission für Verkehrsanlagen" wurde vom Handelsminister Graf Wurmbrand-Stuppach geleitet. Die geplante gotische Gestaltung der Stationsgebäude der Stadtbahn erschien ihm für das Erscheinungsbild einer modernen Großstadt nicht angemessen und er verlangte die Mitarbeit eines Architekten. Im April 1894 wurde Otto Wagner als künstlerischer Beirat der „Commission für Verkehrsanlagen" von den Mitgliedern der Genossenschaft der bildenden Künstler Wiens einstimmig gewählt. Diese Aufgabe stellte für Wagner eine große Herausforderung dar, da nicht nur die Planung der Stadtbahn, sondern auch die der Donaukanal- und Wienflußregulierung sowie der Schleusenanlagen des Donaukanals erforderlich war.

1894 übernimmt Wagner also die Planung der Stadtbahn. Er hat nicht viel Zeit, denn die Fertigstellung ist für 1897 vorgesehen. Um die Arbeiten bewältigen zu können, unterhält er ein großes Atelier mit etwa 70 Mitarbeitern. Chefzeichner und Atelierleiter ist Joseph Maria Olbrich. Weitere wichtige Mitarbeiter sind Josef Hoffmann, Max Fabiani und Josef Plecnik. Wagner zeichnet 2000 Pläne für dieses Projekt.

The Stadtbahn, 1894/1900
(Vienna Municiple Railway)

The "Vienna Transport Commission", which was established in 1892, was headed by trade minister Graf Wurmbrand-Stuppach, who had doubts that the planned Gothic style of the Stadtbahn's station buildings would be appropriate for the appearance of a modern metropolis. He therefore demanded that an architect be included in the planning. In April 1894, Otto Wagner was unanimously elected artistic advisor of the "Vienna Transport Commission" by the members of the Vienna Association of Fine Arts. This task represented a formidable challenge for Wagner, for not only was it necessary to plan the Stadtbahn, but also the regulation of the Danube Canal and the Wien River, as well as the sluice-gate installations of the Danube Canal.

Thus, in 1894, Wagner began planning the Stadtbahn. He didn't have much time, for the completion date was set for 1897. In order to accomplish this huge task, he maintained a large studio with about 70 associates. Josef Maria Olbrich was in charge of the studio and was also the chief draftsman. Other important associates included Josef Hoffmann, Max Fabiani, and Josef Plecnik. Wagner drafted 2000 plans for this project.

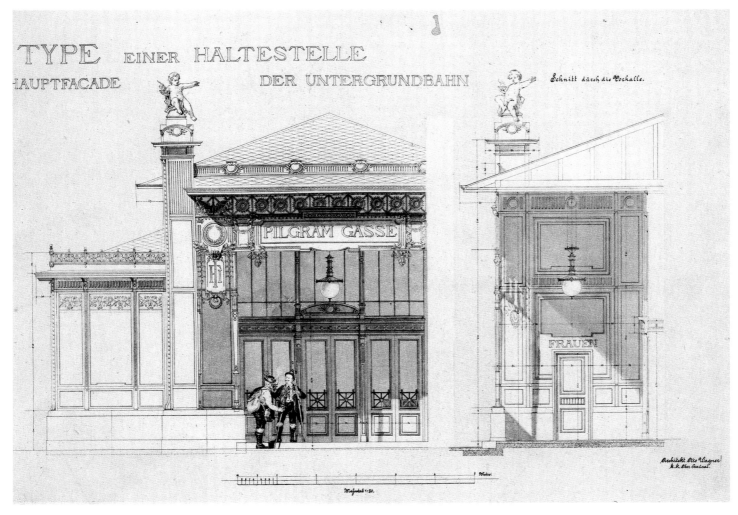

47 Typ einer Haltestelle der Untergrundbahn (Vorentwurf)

La ferrovia urbana di Vienna, Wiener Stadtbahn, 1894/1900

La "Commissione per le infrastrutture del traffico", istituita nel 1892, era diretta dal Ministro del Commercio, conte Wurmbrand-Stuppach. Egli riteneva che il progettato stile gotico delle stazioni della Stadtbahn non fosse adeguato per l'immagine di una metropoli moderna e chiese la collaborazione di un architetto. Nell'aprile del 1894 Otto Wagner fu nominato all'unanimità consulente artistico della "Commissione per le infrastrutture del traffico" dai membri dell'Associazione delle arti figurative di Vienna. Questo compito rappresentò per Wagner una grande sfida, perché era necessaria non solo la pianificazione della ferrovia urbana, ma anche quella della regolazione del canale del Danubio e del fiume Wien, come pure delle chiuse del canale del Danubio.

Nel 1894, dunque, Wagner intraprende la pianificazione della ferrovia urbana. Il tempo a sua disposizione non è molto, perché l'ultimazione è prevista per il 1897. Per potere fare fronte ai lavori, Wagner gestisce un grande studio con circa 70 collaboratori. Disegnatore capo e direttore dello studio è Joseph Maria Olbrich. Altri importanti collaboratori sono Josef Hoffmann, Max Fabiani e Josef Plečnik. Wagner disegna 2000 piani per questo progetto.

Le chemin de fer urbain de Vienne, la Stadtbahn, 1894/1900

La «Commission des infrastructures de circulation» créée en 1892 était dirigée par le ministre du commerce, le comte Wurmbrand-Stuppach. Ce dernier estimait que le style gothique, prévu à l'origine pour les stations de la Stadtbahn, ne collait pas à l'image d'une grande métropole moderne et il réclama la collaboration d'un architecte. En avril 1894, Otto Wagner est nommé à l'unanimité conseiller artistique de la «Commission des infrastructures de circulation» par les membres de l'union des artistes des Beaux-arts viennois. Pour Wagner, cette mission représentait un défi énorme, car il se vit chargé non seulement de la conception du chemin de fer urbain, mais également de la régulation du Danube et de la Wien et de la construction des écluses du canal du Danube.

Wagner entreprend donc la planification du chemin de fer urbain en 1894. Le temps lui est compté, car l'achèvement est prévu en 1897. Afin de pouvoir mener à bien les travaux, il entretient un grand atelier avec plus de 70 collaborateurs. Joseph Maria Olbrich est le dessinateur en chef et le directeur de l'atelier. Il s'adjoint d'autres collaborateurs importants tels que Josef Hoffmann, Max Fabiani et Josef Plečnik. Wagner a dessiné 2000 plans pour ce projet.

Zur Stadtbahn meint der Kunstkritiker Hevesi:

„Immer unabweislicher wird Otto Wagner in Neu-Wien. Er erobert Gebiet auf Gebiet. Er hat sogar schon eine strategische Eisenbahn, die Stadtbahn. Die Mehrzahl der Wiener hat sich mit dieser sofort befreundet und nichts Kunstgeschichtliches gegen sie einzuwenden gehabt. Höchstens daß man über den grünen Anstrich des Holzwerks räsonierte, denn es ist ja doch klar, daß braun gestrichenes, aber dann holzähnlich gefladertes (furniertes, Anm.) Holzwerk an sämtlichen Bahnhöfen des Landes die Hauptbedingung eines rationellen Eisenbahnbetriebs ist. Im übrigen fuhren sie mit dieser ‚secessionistischen' Bahn wohlgemut aus und ein in ihrem Wien, zum Beweis, daß jene amtlichen Bauorgane unrecht gehabt, die im ersten Entwurf die Brüstungen sämtlicher Viadukte mit Festungszinnen besetzt hatten. Kilometerlange Viadukte mit kilometerlangen Zinnenkränzen, mitten durch Wien und um ganz Wien herum, das war der holde Stadtbahntraum dieser Baugenies." *)

Art critic Hevesi writes about the Stadtbahn:

"Otto Wagner's presence in new Vienna is becoming increasingly difficult to deny. He is conquering one area after another. He has already even created a strategic railway, the Stadtbahn. The majority of the Viennese were instantly quite fond of it and have nothing to say against it from an artistic standpoint. Maybe a few comments here and there concerning the green color of the woodwork, because, of course, as everyone knows, one of the main prerequisites for a rational railway operation in this country is that all the woodwork of its railway stations must be painted and veneered in brown. Thus, the Viennese were cheerfully travelling to and from their city in this 'secessionistic' train, which serves to show that those official building authorities who, in the preliminary draft wanted to place battlements on all the railings of the viaducts, were wrong. Kilometers of viaducts with kilometers of crenelations straight through Vienna and around the entire city – this was the sweet Stadtbahn-dream of these building geniuses." *)

Il critico d'arte Hevesi scrive a proposito della Stadtbahn:

"Nella nuova Vienna Otto Wagner diviene sempre più influente. Egli conquista un settore dopo l'altro. Ha già addirittura una ferrovia strategica, la Stadtbahn. La maggioranza dei viennesi si è familiarizzata immediatamente con la ferrovia urbana e non ha avuto nulla da obiettare contro di lei dal punto di vista della storia dell'arte. Tutt'al più si è trovato da ridire sulla verniciatura verde delle strutture in legno, essendo chiaro che tali strutture in legno verniciato in colore marrone, ma successivamente venato uso legno (nota: impiallacciato) rappresentano in tutte le stazioni ferroviarie del paese la condizione essenziale di una gestione razionale delle ferrovie. I viennesi, del resto, scorrazzavano di buon umore con questa ferrovia 'secessionista' nella loro città, per dimostrare che avevano avuto torto le competenti autorità edili, che, nel primo progetto, avevano previsto di guarnire con merli i parapetti di tutti i viadotti. Chilometri di viadotti con chilometri di merlature, attraverso Vienna e intorno a tutta Vienna, tale era l'incantevole sogno della ferrovia urbana di quei geni della costruzione."*)

L'avis du critique d'art Hevesi sur la Stadtbahn:

«Otto Wagner augmente son emprise sur la nouvelle Vienne. Il conquiert secteur après secteur. Il a même déjà un chemin de fer stratégique, la Stadtbahn. La majorité des Viennois s'est rapidement familiarisée avec ce moyen de transport et n'a eu à opposer aucun argument puisé dans l'histoire de l'art. Les habitants s'étonnent tout au plus de la peinture verte des boiseries, tant il leur semble que des boiseries peintes en brun, puis veinées en imitation bois (remarque: plaquées) constituent dans toutes les gares du pays la condition essentielle d'une exploitation ferroviaire rationnelle. Au demeurant, ils empruntent avec bonne humeur cette voie ferrée «sécessionniste» dans leur ville de Vienne, afin de prouver le tort des organismes de construction qui, dans le premier projet, avaient prévu de créneler les parapets de tous les viaducs. Des kilomètres de viaducs avec des kilomètres de créneaux, traversant et entourant Vienne, tel était le beau rêve du métropolitain de ces génies de la construction.» *)

*) Ludwig Hevesi, Otto Wagners moderne Kirche; Secession; a. a. O. Seite 203

48 Studie für die Galerie der Donaukanal-Linie, Perspektive

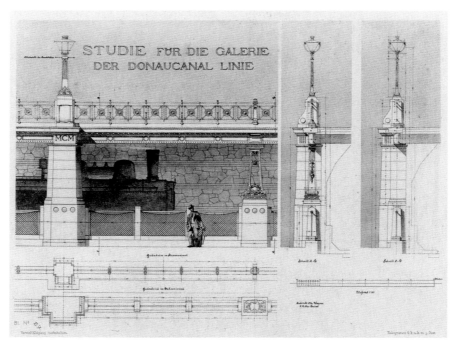

49 Galeriebahn am Donaukanal, Aufriß

Anläßlich einer Ausstellung des Herausgebers in Bologna schrieb Pier Luigi Cervellati in seinem Artikel „Wenn in Bologna die Donau wäre" unter anderem folgendes:

„Zum ersten und vielleicht einzigen Male in der Geschichte der Architektur wurde einem einzigen Architekten das ganze Projekt einer U-Bahn anvertraut, das von der landschaftlichen Ebene im weitesten Sinne bis zur Niete des Bahnsteigdaches reicht. Die Wiener Transportkommission hat in der Tat beim Künstlerhaus, der Künstlervereinigung des Kaiserreiches, um eine Reihe von Architekten für die Planung des Unterbaues nachgefragt, und dieses hat einstimmig Wagner vorgeschlagen (offensichtlich hat es damals noch nicht die Parzellierung gegeben).

Wenn das Projekt grandios ist, so ist die Aufgabe sehr schwierig und faszinierend: In einer Stadt, die gerade zu dieser Jahrhundertwende einen demographischen Sprung erfährt, der sie von der traditionellen und aristokratischen Stadt zu einer Metropole erhebt, schickt sich ein einziger Architekt an, ein Projekt zu verwirklichen, das mehr als jedes andere zum Zeichen der Großstadt geworden ist. Wagner entwirft 82 km Trasse, teils erhöht über dem Boden, teils unterirdisch und zum Teil auch zu ebener Erde. Er baut 36 Zwischen- und zwei Endstationen. Er erfindet Typologien und das Dekor und gibt dem Massenverkehr eine Form. (…)

Elegant und stilistisch passend, ist die Planung Wagners auch ‚schwebend' in dem Sinn, daß sie die bestehende Struktur nicht erdrückt, vielmehr übereinstimmend ist mit der Entwicklung, Geschichte und den Formen der Stadt. Wagner zeigt mit diesem Werk, das hundert Jahre zurückliegt, daß man sich nicht gegen die historische Stadt zu stellen braucht, um modern zu sein."*)

On the occasion of an exhibition in Bologna sponsored by the publisher, Pier Luigi Cervellati, in his article "If the Danube were in Bologna", wrote, among other things, the following:

"For the first and maybe only time in the history of architecture, one architect alone was entrusted with planning an entire urban railway project, encompassing everything from landscaping to the rivets on the platform roof. The Vienna Transport Commission actually requested the Künstlerhaus, the Austrian empire's association of artists, to recommend some architects for the planning of the substructure, and thay unanimously suggested Wagner (apparently, parcelling did not yet exist at that time.)

A grandiose project such as this is a task that is both extremely difficult and very fascinating. In a city that at the turn of the century was experiencing a demographic leap, elevating it from a traditional, aristocratic town to a metropolis, one architect alone takes it upon himself to realize a project which, more than anything else, has become the characteristic feature of a modern metropolis. Wagner designed 82 km of railway line, partly elevated, partly underground, and partly on street level. He built 36 stations and 2 terminals, inventing typologies and ornaments, and gave mass transportation a form. (...)

Both elegant and stylistically appropriate, Wagner's design is "light and airy" in a sense that it does not suppress already existing urban structures, but rather integrates itself into the city's development, history, and forms. Wagner proves with this work, which was built a century ago, that one does not necessary have to be against the historical city in order to be modern."*)

*) Aus der Tageszeitung „il Resto del Carlino" vom 30. Dezember 1985.

II·STUDIE

FÜR EINE
HALTE-STELLE
DER UNTER-
GRUND BAHN
ENTWORFEN VON
OTTO WAGNER
K·K· OBER·BAURATH

KETTEN-BRÜCK

HERREN

MDCCCIVC:

Bl. Nº 43

Heliogravure d. k. u. k. m. g. Inst.

50 Haltestelle Kettenbrückengasse der Untergrundbahn (2. Studie)

In occasione d'una mostra dell'editore, a Bologna, scriveva Pier Luigi Cervellati nel suo articolo "Se a Bologna ci fosse il Danubio" fra l'altro:

"Per la prima volta, caso forse unico nella storia dell'architettura, ad un singolo architetto viene affidato integralmente un progetto di metropolitana che parte dalla più vasta scala territoriale e giunge al dettaglio del bullone della pensilina. La commissione dei trasporti di Vienna richiese infatti alla Künstlerhaus, (la Società artistica dell'Impero) una serie di architetti per progettare l'infrastruttura e questa scelse all'unanimità Wagner (evidentemente allora non esistevano le lottizzazioni (…)

Se il progetto è grandioso, il tema è affascinante e difficilissimo: in quella città che proprio in quel 'fine secolo' subisce un salto demografico che la porta dalla scala di città tradizionale e aristocratica a quella di metropoli, un singolo architetto si trova a dare forma ad un progetto che più di ogni altro definisce il segno della metropoli. In quattro anni progetta 82 chilometri di tracciato, parte in trincea, parte sopraelevato, altro ancora a livello; costruisce 36 stazioni intermedie e 2 stazioni di testa, analoghe a stazioni ferroviarie; inventa tipologie e decoro; dà forma al movimento della folla (…)

Elegante e stilisticamente appropriata, la progettazione di Wagner, è anche 'sospesa', nel senso di non sovrapporsi al tessuto urbano esistente ma di essere coerente con il suo sviluppo, le sue forme e la sua storia. Wagner, con questa operazione di quasi un secolo fa, dimostra che non c'è bisogno di dichiararsi estranei alla città storica per essere moderni. D'altronde Vienna in quel periodo è città in cui ancora tutti 'si conoscono' in cui 'il salto' metropolitano non è ancora decisamente avvenuto; è la città in cui, come scriveva Stephan Zweig nel 'Mondo di ieri', 'la dama può chiamare per nome il cocchiere' e la metropolitana deve essere espressione di una familiarità non ancora perduta."*

A l'occasion d'une exposition de l'éditeur à Bologne, Pier Luigi Cervellati écrit entre autres dans son article intitulé: «Si le Danube coulait à Bologne…»:

«Pour la première et peut être la dernière fois dans l'histoire de l'architecture, on a confié à un seul architecte l'intégralité du projet d'un métropolitain, depuis l'aménagement du paysage au sens large jusqu'aux rivets des toits des quais. La commission des transports de Vienne a demandé au Künstlerhaus, l'association des artistes de l'empire, de lui désigner plusieurs architectes pour la planification de l'infrastructure et celle-ci a unanimement proposé Wagner (la parcellisation n'existait apparemment pas encore à cette époque).

Si le projet est grandiose, la tâche est très difficile et fascinante: dans une cité qui connaît, en cette fin de siècle, une explosion démographique qui transforme la ville traditionnelle et aristocratique en une métropole, un seul architecte se dispose à réaliser un projet qui plus que tout autre, symbolise une grande ville. Wagner conçoit le tracé d'une ligne de 82 km, tantôt surélevée, tantôt souterraine avec également quelques tronçons au niveau du sol. Il construit 36 stations intermédiaires et 2 stations terminales. Il invente des typologies et le décor et donne une forme au transport de masse. (…)

Elégante et adaptée, la planification de Wagner est également «aérienne» au sens qu'elle n'écrase pas la structure urbaine existante, mais qu'elle s'harmonise avec le développement, l'histoire et les formes de la ville. Avec cet ouvrage vieux d'un siècle, Wagner montre qu'il n'est pas nécessaire de s'opposer à la ville historique pour être moderne».*

*) Aus der Tageszeitung „il Resto del Carlino" vom 30. Dezember 1985.

BI. Nº 52

51 Haltestelle Hauptzollamt, Perspektive des Mittelbaues

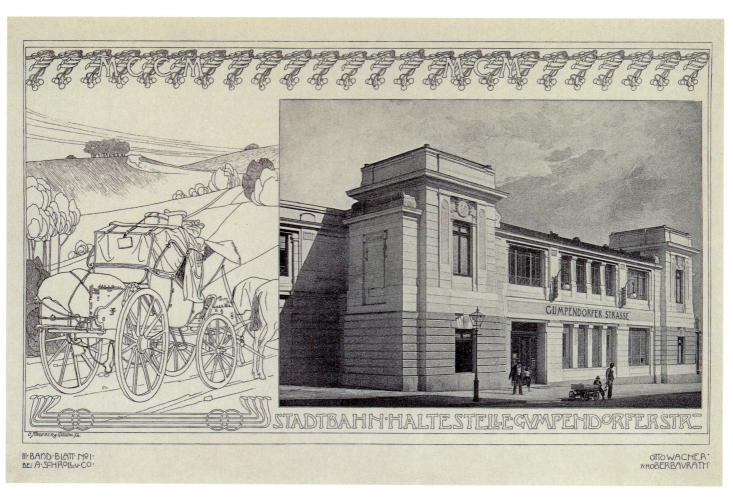

III·BAND·BLATT·No I·
BEI A·SCHROLL·V·CO·

STADTBAHN·HALTESTELLE·GVMPENDORFER STR·

GVMPENDORFER STRASSE

OTTO WAGNER·
K·K·OBER BAVRATH·

52 Haltestelle Gumpendorfer Straße der Wiener Stadtbahn

53 Stadtbahnstation Gumpendorfer Straße, 1896

54 Haltestelle Friedensbrücke, 1900/01,
Gußeisenstütze im Schalterraum

55 Haltestelle Rossauer Lände, 1900, Detail

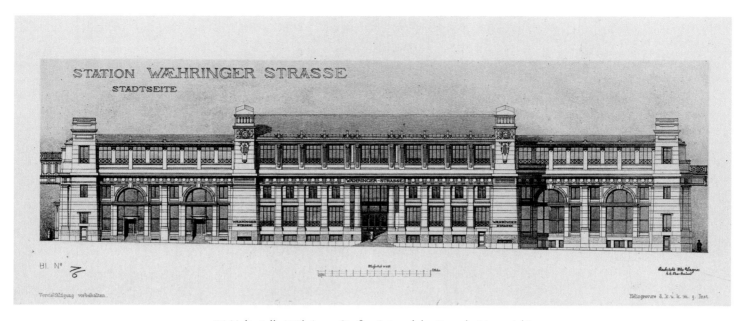

56 Haltestelle Währinger Straße, Entwurf der Fassade, Vorprojekt

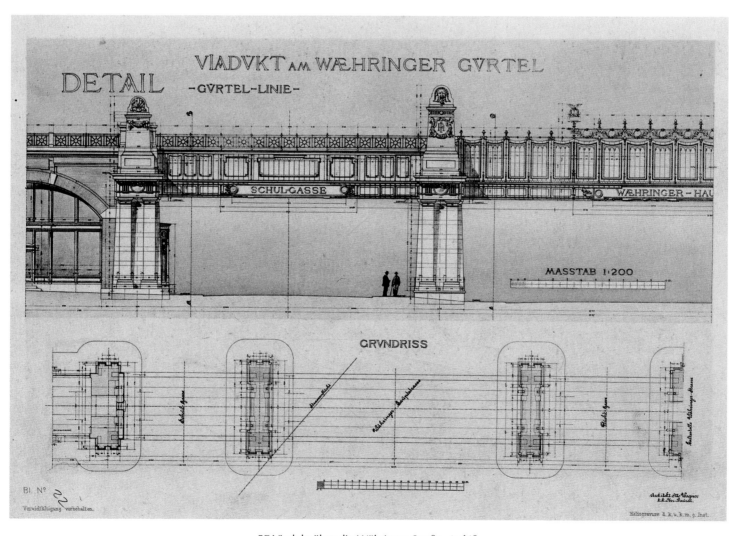

57 Viadukt über die Währinger Straße, Aufriß

58 Haltestelle Währinger Straße, Hochbahnstation, 1895

59 Haltestelle Währinger Straße, Detail des Brückengeländers

60 Haltestelle Währinger Straße, Detail des Pylons

61 Haltestelle Josefstädter Straße, 1895

62 Haltestelle Alser Straße, Hochbahnstation, Portal, 1896

63 Haltestelle Stadtpark, 1897

64 Stadtbahn am Donaukanal, Geländer der Galerie

65 Haltestelle Stadtpark, Hinweistafel

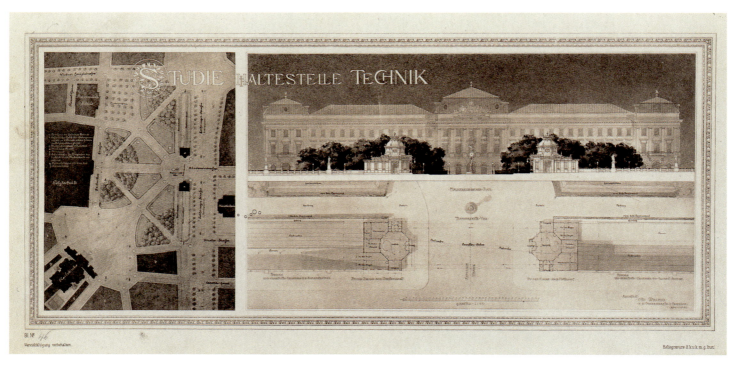

66 Haltestelle Karlsplatz, erster Entwurf, Situation und Aufriß

Die Haltestelle Karlsplatz, 1898/99

Diese Haltestelle der Stadtbahn – eigentlich sind es zwei gegenüberliegende Pavillons –, in der Linie zwischen Karlskirche und Akademiestraße plaziert, ist, damit der Blick auf die Karlskirche nicht behindert wird, etwas niedriger gebaut als die anderen Stationsgebäude. Sie ist mit stilisierten Sonnenblumen geschmückt.

Die rationelle und einfache Bauweise der Haltestelle wird durch das Stahlskelett dokumentiert, in das außen Marmor- und innen Gipsplatten eingehängt sind. Besonderen Mut bewies Wagner bei der Wahl des Materials für das Dach. Während er für die Außenwand Carrara-Marmor wählte und die Jugendstilelemente mit Dukatengold vergolden ließ, verwendete er bei der Überdachung Kupferwellblech.

Im Zuge des U-Bahn-Baues sollten die beiden Gebäude anfänglich demoliert werden. Per Sitzstreik verhinderten jedoch die Studenten der nahegelegenen Technischen Universität die Zufahrt der Baumaschinen. Daraufhin wurden die Pavillons sorgfältig abmontiert und nach Beendigung der Umbauten für die U-Bahn wieder errichtet.

The Karlsplatz Station, 1898/99

This Stadtbahn station (actually, there are two pavilions facing each other), situated on the line between the Karlskirche and the Akademiestraße, is built a little lower than the other station buildings to allow an unobstructed view of the Karlskirche. The pavilions are decorated with stylized sunflowers. The rational and simple construction method is documented by the skeleton of steel, which was filled on the outside with sheets of marble and on the inside with sheets of plaster. Wagner was especially bold in his selection of the material for the roof. Whereas he selected Carrara marble for the outside wall and had the Jugendstil elements gilded with fine gold, he used corrugated copper for the roofing.

Both buildings were originally designated to be torn down when the new U-Bahn (subway) was being built. However, students from the nearby Technical University staged a sitdown strike to prevent access to the construction machines. As a result, the pavilions were carefully dismanteled and then reassembled after U-Bahn construction work had been completed.

67 Repräsentationsblatt; Wiener Stadtbahn, Haltestelle der Akademiestraße (Karlsplatz)

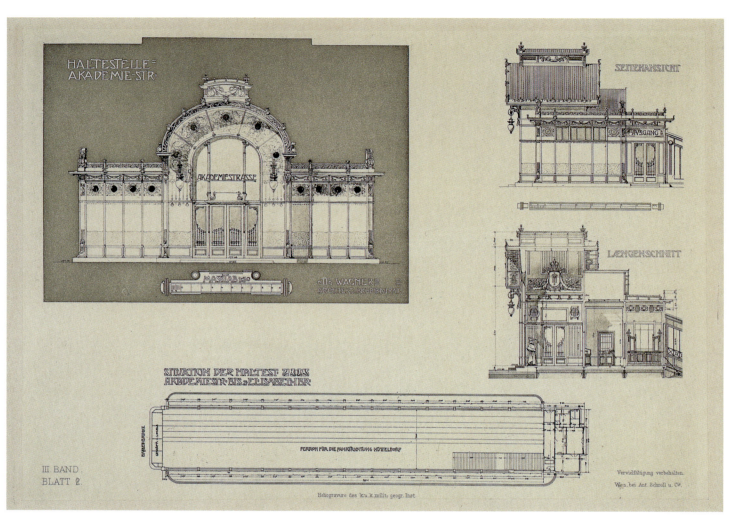

68 Haltestelle Akademiestraße (Karlsplatz), Fassade, Grundriß und Schnitt, 1898

69 Stadtbahnstation Karlsplatz, 1898

La fermata Karlsplatz, 1898/99

Questa fermata della ferrovia urbana – in realtà si tratta di due padiglioni contrapposti – situata sulla linea tra la chiesa di San Carlo e l'Akademiestrasse, è costruita ad un livello leggermente più basso rispetto alle altre stazioni, per non impedire la visuale sulla chiesa di San Carlo. Essa è decorata con girasoli stilizzati.

La costruzione semplice e razionale della stazione è documentata dallo scheletro in acciaio, a cui sono appese esternamente lastre di marmo ed internamente lastre di gesso. Wagner dimostrò un particolare ardire nella scelta dei materiali per il tetto. Mentre per il muro esterno scelse marmo di Carrara e fece dorare con oro zecchino gli elementi in Jugendstil, per la copertura con tetto utilizzò lamiera di rame ondulata.

Originariamente i due edifici avrebbero dovuto essere demoliti in fase di costruzione della metropolitana, ma gli studenti del vicino politecnico impedirono con un sit-in l'accesso alle macchine operatrici. A seguito di questo intervento i padiglioni furono accuratamente smontati per poi essere rimontati al termine dei lavori per la costruzione della metropolitana.

La station Karlsplatz, 1898/99

Cette station de la Stadtbahn – il s'agit en fait de deux pavillons qui se font face – située sur la ligne reliant la Karlskirche et l'Akademiestrasse, est construite à un niveau quelque peu inférieur aux autres pavillons de stations afin de ne pas entraver la vue sur la Karlskirche. Elle est décorée de tournesols stylisés.

La construction simple et rationnelle de la station est soulignée par le squelette d'acier dans lequel s'accrochent des plaques de marbre à l'extérieur et de plâtre à l'intérieur. Wagner a témoigné d'un courage particulier dans le choix des matériaux du toit. Alors qu'il a choisi du marbre de Carrare pour le mur extérieur et qu'il a fait dorer les éléments de Jugendstil à l'or à 23,5 carats, il a utilisé de la tôle ondulée de cuivre pour la toiture.

En principe, les deux bâtiments devaient être démolis au moment de la construction du métro de Vienne. En organisant une grève sur le tas, les étudiants de la faculté de polytechnique voisine ont empêché l'accès des engins de chantier. Sur ce, les pavillons ont été soigneusement démontés pour être remontés à la fin des travaux d'aménagement pour le métropolitain.

70 Haltestelle Karlsplatz, Detail des Wellblechdaches

71 Haltestelle Karlsplatz, Fassadendetail

72 Haltestelle Karlsplatz, Wanduhr im Vestibül

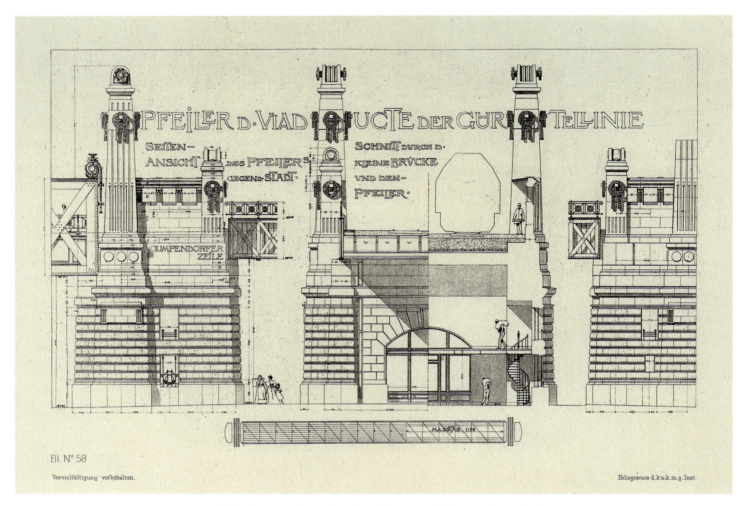

73 Viadukte der Gürtellinie über der Zeile, Hauptpfeiler, Ansicht und Schnitt

Die Gumpendorfer Brücke, 1896
(Brücke über die Zeile)

Kurz nach der Station Gumpendorfer Straße, in Richtung Hütteldorf, schlägt Wagner diese mehr als 100 m lange Brücke über die Wienzeile und den Wienfluß, als eine Art Tor zum Westen. In Anbetracht seiner Vorstellung eines Boulevards entlang des Wienflusses, der bis Schönbrunn reichen sollte, schmückt er die Pfeiler des Zweckbaues und hebt ihn von den anderen Brückenkonstruktionen der Stadtbahn ab.
Wie das Schützenhaus der Staustufe Kaiserbad, die Halte-stelle Karlsplatz und der Hofpavillon der Stadtbahn ist auch dieses Bauwerk der Demolierung nur knapp entgangen.

The Gumpendorfer Bridge, 1896
(The bridge across the Zeile)

This bridge, located closely behind the Gumpendorfer Strasse station in direction Hütteldorf, spans more than 100 m across the Wienzeile and the Wien River and was intended by Wagner as a kind of door to the west. In keeping with his vision of a boulevard along the river Wien leading all the way to Schönbrunn, he applied ornamentation to the pillars of this functional structure, thus allowing it to stand out against the other bridge constructions along the Stadtbahn route.
Like the Schützenhaus (Control building at the Kaiserbad Dam), the Hofpavillon (Imperial Station), and the Stadtbahn, this construction, too, only narrowly escaped demolition.

74 Viadukte der Gürtellinie über der Zeile, Hauptpfeiler, 1898

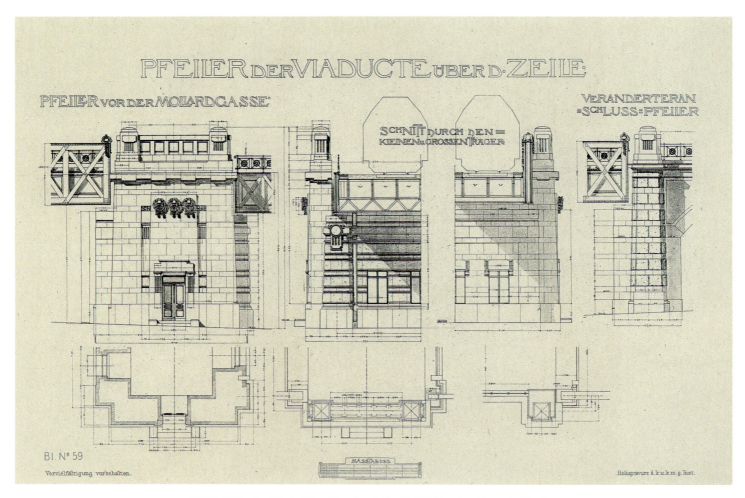

75 Viadukte der Gürtellinie über der Zeile, Endpfeiler, Ansicht und Schnitte

Il ponte di Gumpendorf, 1896
(Il ponte sulla Zeile)

Poco dopo la stazione Gumpendorferstrasse, in direzione di Hütteldorf, Wagner lancia questo ponte, lungo più di 100 m, sulla Wienzeile e sul fiume Wien, come una specie di porta verso l'ovest. In considerazione della sua idea di un boulevard lungo il fiume Wien, che doveva arrivare fino a Schönbrunn, egli decora i piloni di questa costruzione funzionale, differenziandola dalle altre costruzioni di ponti della Stadtbahn.
Anche questa opera, come lo Schützenhaus dell'impianto di sbarramento Kaiserbad, la stazione Karlsplatz e il padiglione di corte della Stadtbahn, è sfuggita di misura alla demolizione.

Le pont de Gumpendorf, 1896
(Le pont sur la Zeile)

Juste après la station Gumpendorfer Strasse, en direction de Hütteldorf, Wagner jette ce pont de plus de 100 m de long sur la Wienzeile et la Wien, comme une sorte de porte ouverte sur l'ouest. Comme il projetait de créer un boulevard qui suivrait le cours de la Wien jusqu'à Schönbrunn, il décore les piliers du bâtiment fonctionnel en les distinguant des autres ponts de la Stadtbahn.
Comme le Schützenhaus du barrage-écluse de Kaiserbad, la station Karlsplatz et le pavillon de la Cour de la Stadtbahn, cet ouvrage n'a échappé que de justesse à la démolition.

76 Hochbahn an der Gumpendorfer Zeile. Ansicht der nicht ausgeführten Linie zum Matzleinsdorfer Gürtel,
Probeblatt für die Huldigungsadresse der Akademie

„Die Wiener Stadtbahn (…) entfaltet die moderne Liebenswürdigkeit, die weiße Schönheit, teils in Granit, wie bei der großartigen Überbrückung an der Gumpendorfer Linie, teils in Putz, nachdem der karge Zahlmeister dieser hochstrebenden Granitperiode ein rasches Ende gemacht hatte. Ja, die Gumpendorfer Brücke, die hat die Einwohner der westlichen Bezirke zu Wagnerianern gemacht. Dort wohnt viel Handwerk, und das weiß gediegene Arbeit ohne schulweises Geflunker zu schätzen. Aber auch das übrige Wien hat sich durch die Stadtbahn sehr an moderne Formen gewöhnt. Sie ist eine appetitliche Eisenbahn, etwa wie die unterirdische in Budapest; das hat es früher nicht gegeben. Und das besticht, es hilft den Geschmack wandeln. Man bringt sich aus Hütteldorf einen Buschen Feldblumen, einen gestillten Durst und die Erinnerung an irgendeine ornamentale Kurve mit, wie ich sie schon gelegentlich im Dunstbeschlag des Coupéfensters mit dem Finger nachziehen sah. Auf die Dauer gewinnt er die Leute doch."*)

"The Vienna Stadtbahn (...) unfolds its modern charm, its white beauty, partly in granite, like the magnificent bridge across the Gumpendorfer line, and, after this flourishing era of granite was quickly halted by the frugal paymaster, partly in plaster. Indeed, the Gumpendorfer Bridge is making Wagnerians out of the inhabitants of the western districts. Many artisians live there, and they know how to appreciate a good solid piece of work free from any academic bluster. The rest of Vienna, too, has grown accustomed to modern forms, thanks to the Stadtbahn. It is quite an appetizing railway, like the underground in Budapest; nothing like this has existed here before. And this has a certain fascination, it occasions a change in taste. You bring back a bunch of field flowers with you from Hütteldorf, a quenched thirst, and the memory of some ornamental curve, such as I have occasionally observed someone retrace with his finger on the film of vapor on the coupé window. It seems that in the long run, he will succeed in winning the people over." *)

"La ferrovia urbana di Vienna (…) dispiega la grazia moderna, la bianca bellezza, in parte in granito come nel grandioso cavalcavia sulla linea di Gumpendorf, in parte in intonaco, dopo che il parsimonioso tesoriere aveva bruscamente posto fine a quell'ambizioso periodo del granito. Sì, il ponte di Gumpendorf ha fatto divenire filowagneriani gli abitanti dei quartieri occidentali. In quella parte della città vivono molti artigiani, che sanno apprezzare il lavoro eseguito con cura senza vaniloqui scolastici. Ma anche gli altri viennesi, grazie alla Stadtbahn, si sono abituati ben presto alle forme moderne. La Stadtbahn è una ferrovia urbana che piace alla gente, un po' come la metropolitana di Budapest; prima, una cosa del genere non esisteva. E ciò è affascinante, aiuta a cambiare il gusto. Si torna da Hütteldorf con un mazzo di fiori di campo, una sete appagata e il ricordo di una curva ornamentale come la si è già vista tracciare col dito sul finestrino appannato dello scompartimento. Alla lunga, egli conquista la gente."*)

«Le chemin de fer urbain de Vienne (...) sublime la grâce moderne, la beauté blanche, en partie en granit comme pour le magnifique pont de la ligne de Gumpendorf, en partie en crépi, après que le trésorier-payeur eut mis rapidement fin à cette heureuse période du granit. Oui, le pont de Gumpendorf a transformé en «wagnériens» les habitants des quartiers ouest. Là demeurent de nombreux artisans qui savent apprécier un travail solide sans fioritures académiques. Mais la Stadtbahn a également converti le reste de la ville de Vienne aux formes modernes. C'est un chemin de fer attrayant, un peu comme le métropolitain de Budapest; cela n'existait pas autrefois. Et il séduit et transforme le goût. On revient de Hütteldorf avec un bouquet de fleurs des champs, une soif apaisée et le souvenir d'une courbe ornementale comme je l'ai déjà vu dessiner avec le doigt sur la buée de la vitre du compartiment. A la longue, il finira par convaincre les gens».*)

*) Ludwig Hevesi, Otto Wagners moderne Kirche; Secession; a. a. O., S. 203.

77 Gumpendorfer Brücke, Gesamtansicht

78 Gumpendorfer Brücke, Mittelpfeiler

79 Gumpendorfer Brücke, Endpfeiler

Der Hofpavillon der Wiener Stadtbahn, 1899

Il padiglione di corte della Stadtbahn viennese, 1899

The Imperial Station of the Vienna Stadtbahn, 1899

Le pavillon de la Cour de la Stadtbahn de Vienne, 1899

80 Hofpavillon, Perspektive

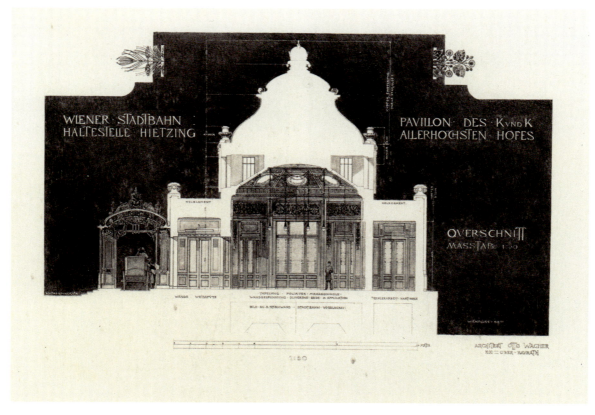

81 Hofpavillon, Schnitt

82 Wiener Stadtbahn: Haltestelle Hietzing, Pavillon des k.u.k. allerhöchsten Hofes, Vorentwurf, Aufriß gegen die Schönbrunner Schloßstraße

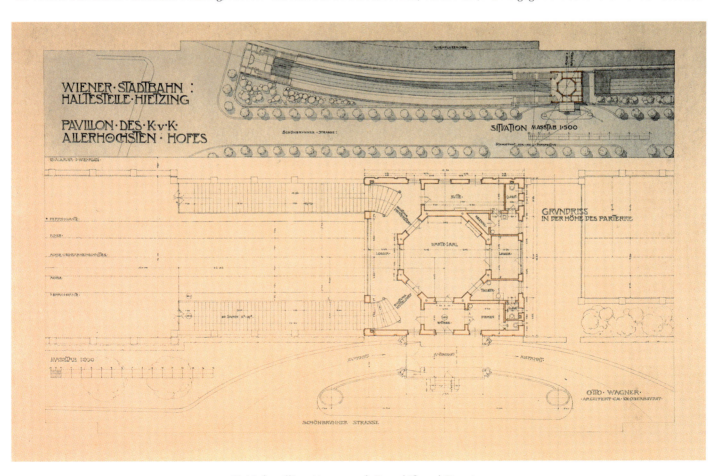

83 Hofpavillion, Vorentwurf, Crundriß und Situation

89

84 Hofpavillon bei Schloß Schönbrunn, 1898

Um dem Geschmack des Monarchen entgegenzukommen, hat Wagner, im Gegensatz zu seiner sonstigen Bauweise, den Hofpavillon barockhaft gestaltet. Kaiser Franz Joseph I. hat den Pavillon nur bei der Eröffnung betreten. Für seine Fahrten von der Hofburg nach Schönbrunn und zurück bevorzugte er nach wie vor die Kutsche.

In compliance with the emperor's taste, Wagner, in contrast to his other buildings, designed the Hofpavillon in a Baroque style. Emperor Franz Josef I only entered the pavilion once: at the opening ceremony. He continued to prefer travelling by carriage when going to and from the Hofburg to Schönbrunn.

Per soddisfare il gusto del monarca, Wagner, contrariamente al suo stile costruttivo abituale, ha configurato il padiglione di corte in stile barocco. L'imperatore Francesco Giuseppe I è entrato nel padiglione solo il giorno dell'inaugurazione. Per recarsi dalla Hofburg a Schönbrunn e ritorno, continuò a utilizzare la carrozza.

Pour répondre au goût du monarque, Wagner, contrairement à son style habituel, a conçu le pavillon de la Cour en style baroque. L'empereur François Joseph 1er n'est entré dans le pavillon qu'au jour de l'inauguration. Pour ses trajets de la Hofburg vers Schönbrunn et retour, il préférait continuer de prendre le carrosse.

85 Hofpavillon, überdachte Auffahrt mit Emblemen und Kaiserkrone

Zu diesem Pavillon sei ein zeitgenössischer Bericht, jener der Zeitschrift der Secession, „Ver Sacrum", auszugsweise zitiert:

„Das Herz des Baues ist der kaiserliche Wartesalon. Er hat einen achteckigen Grundriss und wird von einer kupfergetriebenen Kuppel bekrönt. Es ist bemerkenswerth, wie diese, aus dem Centrum des Gebäudes aufsteigend und dasselbe dominierend, einen wohlthuenden Zusammenhang mit den barocken Baulichkeiten des Schönbrunner Schlosses herstellt, natürlich ohne auch nur eine Barockform zu copieren (…)

Ziehen wir zunächst das Octogon, den Warteraum des Kaisers, in Betracht (…)

Da steht z. B. dem Eingang gegenüber, mit einer originellen Decke behangen ein Tisch, nicht im Mittelpunkt des Raumes, sondern mehr gegen die Rückwand geschoben. Wer je die Gelegenheit hatte, das Gehaben des Monarchen beim Betreten eines solchen Zwecken dienenden Raumes zu beobachten, kann sich nun lebhaft vorstellen, wie er mit seinen raschen elastischen Schritten den Raum durchmisst, bei dem Tischchen halt macht und jetzt, die Finger der rechten Hand leicht darauf gestützt, die Linke am Säbelgefäss, die Meldung erwartet, dass alles zur Abfahrt bereit sei. Diese Secunden des Wartens dem Monarchen durch den Anblick eines Kunstwerkes zu kürzen, lag nahe. Echt modern aber war es von Wagner, zu diesem Zwecke in die Rückwand des Salons nicht etwa eine frostige gemalte Apotheose oder dergl. einzufügen, sondern mit dem Kunstwerk zugleich einen Ueberblick über den ganzen Stadtbahnbau, jenes grosse Werk der Technik, das zu benützen der hohe Fahrgast soeben im Begriffe steht, zu verbinden. So liess er denn von Carl Moll einen Blick auf Wien aus der Ballonhöhe von 3000 m über der Schönbrunner Gloriette malen. Natürlich lässt sich bei dieser Annahme der ganze Zug der neuen Stadtbahnanlage genau verfolgen.

Eine unglaublich geniale Lösung im erwähnten Sinne hat der Knüpfteppich, der den ganzen Boden des Salons bedeckt, erfahren. Er ist nämlich thatsächlich decoriert durch die Wege, welche der Kaiser von seinem Platz am Tischchen aus nach den verschiedenen Thüren des Raumes hin nehmen kann. Strahlenförmig schiessen von diesem Punkte die Leitlinien nach all den verschiedenen Seiten hin und lassen zwischen einander nur schmale Zwickel frei, welche durch ein aus Philodendronblättern gebildetes Ornament ausgefüllt werden.

Der Philodendron („Baumlieb") ist überhaupt das Grundmotiv für den ganzen ornamentalen Schmuck des Raumes, wohl eine Anspielung an die bekannte Naturliebe und Waldessehnsucht des Herrschers. In mattem Roth breiten sich die Philodendronblätter in den schmalen Zwickelstreifen zwischen den heller gehaltenen Gehbahnen am Boden aus, in dunkelrothem Samt erscheinen sie an den Wänden, auf hellem rothem, schmalgestreiften Seidenstoff appliciert, und schmücken sie die Rücklehnen der Sitzgelegenheiten, deren Sitze jedoch den glatten Stoff aufweisen. Das Roth des Bodenbelages zieht sich übrigens vom Eingange an durch alle Räume des Baues, die der Kaiser betritt, über die Stiegenabgänge hinab bis zum Waggon. Nirgends belästigt ein stärkerer Tonunterschied die Aufmerksamkeit des rasch Dahinschreitenden."*)

86 Hofpavillon, kaiserlicher Wartesalon, Detail des Kamins

*) Aus: Ver Sacrum, Organ der Vereinigung bildender Künstler Österreichs, Jg. II 1899, Heft 8, Seite 3 ff.

87 Hofpavillon, kaiserlicher Wartesalon. Oktogonaler Kuppelraum. Sockel Mahagoniholz, Wandverkleidung aus Samt und Seide, Philodendronblätter darstellend. Knüpfteppich mit Leitlinien und Ornament. Ölbild von Carl Moll.

The following is a quote from a report on this pavilion in the Secession's journal "Ver Sacrum":

"The heart of the building is the emperor's waiting room. Its ground plan is octagonal and it is crowned by a copper-embossed dome. It is worth noting that this dome, rising from the center of the building and dominating it, is in a pleasing harmony with the Baroque structure of Schönbrunn Palace, without, of course, copying even a single Baroque form (...) Let us first consider the octagon, the emperor's waiting room (...) Opposite the entrance, for example, there is a table draped with an original tablecloth. The table is not in the center of the room, but pushed more toward the back wall. Whoever has had a chance to observe the behavior of the monarch upon entering a room devoted to such purposes can at once imagine how he will pace the room with his quick and elastic step, how he will stop by the table and lightly rest the fingers of his right hand on it, the left hand on his saber hilt, while awaiting the announcement that everything is ready for departure. To shorten these seconds of waiting, he will cast a glance at the work of art. It was truly modern of Wagner to place on the back wall of the room not a frostily painted apotheosis or something of that nature, but rather to combine with this work of art a panoramic view of the entire Stadtbahn network, this grand work of technology which the esteemed passenger was about to use. Thus he let Carl Moll paint a view of Vienna from a balloon height of 3000 m over the Gloriette in Schönbrunn Palace. Of course this rendering allows one to behold the entire expanse of the new Stadtbahn network.

The knotted carpet that entirely covers the floor of the salon turns out to be another incredibly ingenious solution. Its decorations actually point to the various doors of the room from the emperor's place at the table. Radial lines emanate from this location toward the sides, separated from one another only by thin gussets, filled in with an ornamental composition of philodendron leaves.

The philodendron ('love of trees') is the basic ornamental motif for the entire room, perhaps an allusion to the ruler's well-known love of nature and yearing for the forest. Pale green philodendron leaves spread themselves out in the narrow gusset strips between the lighter colored walkways. On the walls they appear in dark red velvet, applicated on light red, narrowly stripped silk fabric, and they also decorate the backrests of the seats, the sitting surfaces of which, however, are covered with a plain fabric. The red color of the floor covering is drawn out from the entrance into all the rooms of the building which the emperor will set foot in, down over the stairway, all the way to the wagon. Nowhere is the attention of the rapidly striding emperor disturbed by strong differences in tone."*)

Riguardo a questo padiglione citiamo alcuni estratti di una relazione dell'epoca, pubblicata su "Ver Sacrum", la rivista della Secessione:

"Il cuore della costruzione è la sala d'attesa imperiale, a pianta ottagonale e coronata da una cupola in rame sbalzato. È degno di nota il fatto che la cupola, elevandosi dal centro dell'edificio e dominandolo, crei un armonioso rapporto con le costruzioni barocche del castello di Schönbrunn, naturalmente senza copiarne neppure una forma barocca (...) Prendiamo anzitutto in esame l'ottagono, la sala d'attesa dell'imperatore (...)

Di fronte all'entrata, per esempio, si trova un tavolo, ricoperto da un'originale tovaglia, situato non al centro dell'ambiente, ma spostato verso la parete posteriore. Chi ha avuto l'occasione di osservare l'atteggiamento del monarca al momento di entrare in un ambiente previsto a questo scopo, può ben immaginarsi come egli attraversa l'ambiente con il suo passo rapido ed elastico, si ferma accanto al tavolo e con le dita della mano destra leggermente appoggiate al tavolo e la mano sinistra sull'elsa della sciabola, attende la comunicazione che tutto è pronto per la partenza. Era ovvio abbreviare al monarca questi secondi d'attesa con la vista di un'opera d'arte. Ma l'idea veramente moderna da parte di Wagner fu di inserire a questo scopo, nella parete posteriore della sala, non una fredda apoteosi dipinta o un soggetto analogo, ma di collegare all'opera d'arte una visione d'assieme dell'intera costruzione della Stadtbahn, quella grande opera della tecnica che l'augusto passeggero sta per utilizzare. Wagner fece dipingere da Carl Moll una veduta di Vienna da un pallone aerostatico all'altezza di 3000 m sulla Gloriette di Schönbrunn. Questa ripresa, naturalmente, permette di seguire esattamente l'intero percorso della nuova ferrovia urbana.

Una soluzione incredibilmente geniale nel senso suddetto è offerta dal tappeto annodato che ricopre tutto il pavimento della sala. Il tappeto, infatti, è effettivamente decorato con i percorsi che l'imperatore può utilizzare, a partire dal suo posto accanto al tavolino, per dirigersi alle diverse porte della sala. Le linee direttrici si dipartono a raggiera da questo punto in tutte le diverse direzioni, lasciando libere tra loro solo strette bande triangolari, ornate da foglie di filodendro.

Il filodendro ("amante degli alberi") rappresenta d'altronde il motivo base di tutta la decorazione dell'ambiente, probabilmente un'allusione al noto amore del sovrano per la natura e alla sua nostalgia dei boschi. Le foglie di filodendro, di colore rosso opaco, si propagano nelle strette bande tra i percorsi di colore più chiaro sul tappeto, mentre sulle pareti compaiono in velluto rosso scuro, applicate su un tessuto in seta rosso chiaro a righe sottili e decorano gli schienali delle poltrone, i cui sedili, però, sono ricoperti da tessuto liscio. Il rosso del tappeto si estende, a partire dall'ingresso, per tutti i locali dell'edificio che l'imperatore percorre, lungo le scale fino al vagone. Nessuna marcata differenza cromatica disturba l'attenzione di chi avanza a passo spedito."*)

*) Aus: Ver Sacrum, Organ der Vereinigung bildender Künstler Österreichs, Jg. II 1899, Heft 8, Seite 3 ff.

88 Hofpavillon, Wartesalon des Kaisers, Kuppel mit ringförmigen Luster

A propos de ce pavillon, citons des extraits d'un article paru à l'époque dans le journal sécessionniste «Ver Sacrum»:

«Le salon impérial, de plan octogonal, constitue le cœur du bâtiment et est couronné d'une coupole en cuivre. Il est remarquable comme celle-ci, qui s'élève du centre du bâtiment et le domine, s'harmonise merveilleusement avec les bâtiments baroques du château de Schönbrunn, naturellement sans en copier ne serait-ce qu'une seule forme baroque (...)
Considérons d'abord l'octogone, la salle d'attente de l'empereur (...)
On trouve par exemple en face de l'entrée, une table recouverte d'une nappe originale, non au centre de la pièce, mais décalée vers le mur de fond. Quiconque a eu l'occasion d'observer le comportement du monarque lorsqu'il pénètre dans une pièce conçue à cette même fin, peut se représenter de manière vivante, comment il traverse la pièce de son pas rapide et souple, s'arrête près de la table et, appuyant légèrement les doigts de la main droite sur celle-ci, la gauche posée sur la garde de son épée, attend l'annonce que tout est prêt pour le départ. On s'attend à ce que l'architecte cherche à écourter ces secondes d'attente du monarque par la vision d'une œuvre d'art. Mais Wagner a choisi une solution moderne en n'intégrant pas dans le mur du fond une froide apothéose ou une œuvre similaire, mais en associant à l'œuvre d'art une vue d'ensemble de la construction de la Stadtbahn, cette réalisation technique majeure que le noble voyageur s'apprête à utiliser. Il a ainsi fait peindre par Carl Moll un tableau représentant Vienne vue d'une hauteur de ballon de 3000 m au-dessus de la Gloriette de Schönbrunn. Ce point de vue permet évidemment de suivre l'ensemble du trajet du nouveau chemin de fer urbain.

Dans le même ordre d'idées, le tapis noué qui recouvre tout le sol du salon constitue une solution absolument géniale. En effet, le dessin de ce tapis montre les directions que doit suivre l'empereur depuis sa place à la petite table pour parvenir jusqu'aux différentes portes de la pièce. Les lignes directrices partent de ce point comme des rayons vers les différents côtés et ne laissent subsister entre eux que d'étroites bandes triangulaires remplies d'une ornementation formée de feuilles de philodendrons.
Le philodendron constitue d'ailleurs le motif ornemental de base de la pièce, certainement une allusion à l'amour de la nature et à la nostalgie des forêts du monarque. Les feuilles de philodendrons s'étalent en rouge mat dans les étroits intervalles entre les voies plus claires, dessinées au sol, elles apparaissent en velours rouge foncé aux murs, appliquées sur un tissu de soie rouge clair, à fines rayures et décorent les dossiers des fauteuils, alors que les sièges sont tendus d'un tissu lisse. Le rouge du revêtement de sol se retrouve en outre depuis l'entrée jusque dans toutes les pièces du bâtiment dans lesquelles pénètre l'empereur, se prolonge dans les escaliers qui mènent au wagon. Aucune différence de teinte, aucune nuance plus vive ne vient distraire l'attention du voyageur qui s'avance d'un pas pressé».*)

89 Hofpavillon, Loggia, Kamin vor dem Abgang zum Perron

*) Aus: Ver Sacrum, Organ der Vereinigung bildender Künstler Österreichs, Jg. II 1899, Heft 8, Seite 3 ff.

90 Hofpavillon, Warteraum des kaiserlichen Gefolges

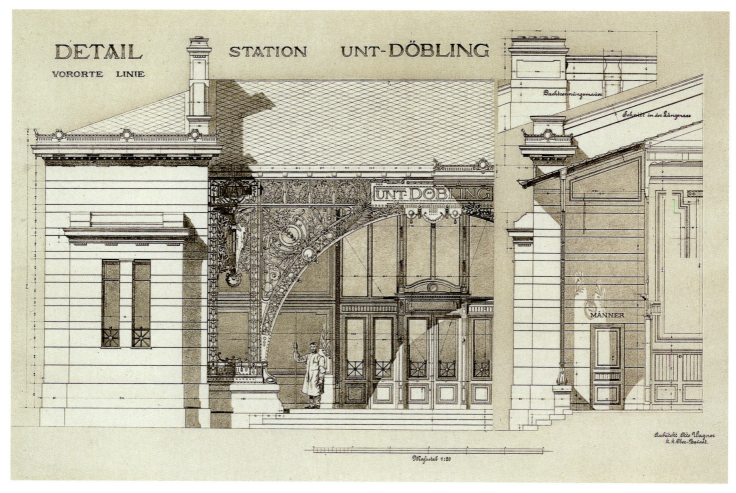

DETAIL STATION UNT-DÖBLING
VORORTE LINIE

UNT-DÖBLING

MÄNNER

Maßstab 1:20

Architekt Otto Wagner
k. k. Ober-Baurat.

91 Vorortelinie, Station Unter-Döbling, Aufriß und Schnitt, 1895

Die Vorortelinie, 1894/98

Aufgrund des gemischten Verkehrs auf dieser Strecke erhielten die Stationsgebäude eine einfachere architektonische Form. Bereits an den Ausläufern der Voralpen liegend, präsentiert sich diese Verbindungsbahn zwischen Heiligenstadt und Hütteldorf mit ihrer wechselhaften Streckenführung über mehrere Brücken, Steigungen und Tunnels als eine Bergbahn innerhalb Wiens. Im Bereich des ehemaligen Linienwalls angelegt, vermittelt diese Bahn ein ähnliches Schau-Erlebnis wie eine Fahrt mit der Stadtbahn der Gürtel-Linie.

La Vorortelinie (la suburbana), 1894/98

A motivo del traffico promiscuo su questa linea, le stazioni furono realizzate in una forma architettonica più semplice. Questa ferrovia di raccordo tra Heiligenstadt e Hütteldorf, situata già lungo le propaggini delle Prealpi, si presenta con il suo tracciato mutevole su numerosi ponti, salite e gallerie come una ferrovia di montagna all'interno di Vienna. Costruita nell'ambito degli ex bastioni, questa ferrovia offre una veduta simile a quella di un viaggio con la ferrovia urbana della Gürtel-Linie

The Vorortelinie (Suburban line)

Due to the mixed traffic on this line, the station buildings were given a simpler architectural form. Already situated on the Alpine foothills, the diverse route of this railway line, which connects Heiligenstadt with Hütteldorf, covers several bridges, inclinations, and tunnels, thus presenting itself as a kind of mountain railway within Vienna. Built in the area of the former Linienwall, a rampart which surrounded the city, this railway line provides a viewing-experience similar to that on the Gürtel-Linie Stadtbahn.

La ligne de banlieue 1894/98

En raison du trafic mixte sur cette ligne, les bâtiments des stations affichent une forme architecturale assez simple. Cette ligne de jonction entre Heiligenstadt et Hütteldorf, située aux contreforts des Alpes, présente un tracé plein de variations, avec des pont, des montées, des tunnels, et apparaît comme un train de montagne à l'intérieur de Vienne. Construite sur le tracé du Linienwall, l'ancien rempart, cette ligne offre une vue intéressante de la ville, un peu comme les voyages en Stadtbahn sur la Gürtellinie.

92 Station Ottakring, 1896

93 Station Ottakring, Perron mit Sitzbank. Diese von Otto Wagner entworfene Bank aus Gußeisen und Holz ist heute noch auf den Bahnsteigen der Stadtbahn in Verwendung.

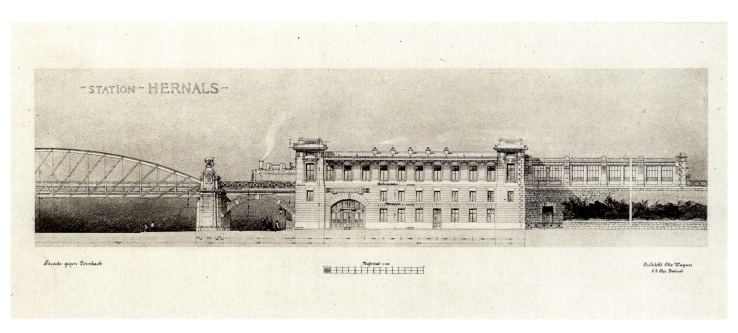

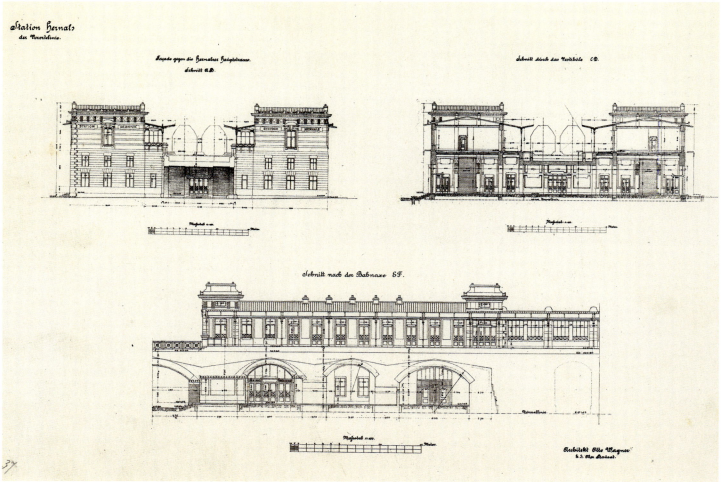

94 Station Hernals, Aufriß und Schnitte

95 Station Hernals, 1896, Fassade

96 Station Gersthof, 1895, Detail über dem Eingang

Das Miethaus Linke Wienzeile 38, 1898/99

Otto Wagner träumte von einem Boulevard, der entlang des Wienflusses die Wiener Innenstadt mit Schönbrunn verbinden sollte. Entlang des Boulevards sollten die von ihm gebauten Häuser stehen. Tatsächlich konnte er aber dort, und das auch nur auf einer Seite der imaginären Prachtstraße, lediglich zwei Bauten verwirklichen. Und einer davon ist dieses Haus.
Die ungewöhnliche Ecklösung zur Köstlergasse wird durch eine Dachbekrönung mit Halbfiguren von Othmar Schimkowitz zusätzlich betont.

Zur Fassade von Miethäusern äußert sich Wagner folgendermaßen:

„Nachdem der Mietwert der einzelnen Geschosse überdies durch Anbringung von Personenaufzügen ziemlich ausgeglichen wurde, mußte als natürliche Folge daraus hervorgehen, daß die äußere künstlerische Gestaltung durch ein Auszeichnen der Geschosse nicht mehr tunlich war. Architektonische Durchbildungen, welche ihre Motive in der Palastarchitektur suchen, sind daher an solchen Zellen-Konglomeraten als völlig verfehlt zu bezeichnen, weil sie eben der Innenstruktur des Baues widersprechen."*)

The Apartment building Linke Wienzeile 38, 1898/99

Otto Wagner's dream was to build a boulevard along the Wien River, connecting the Viennese with Schönbrunn. All along this boulevard there would be houses built by him. In reality, however, he was only able to realize two buildings there and both of these are only on one side of the magnificent boulevard envisioned by him. This building is one of them.
The unusual corner solution towards the Köstlergasse is given additional emphasis through a roof crown with half-length figures by Othmar Schimkowitz.

Wagners's comments on apartment building facades:

"After the rental value of the individual storys was more or less balanced out by the introduction of lifts, a natural consequence of this was bound to be that an outer artistic design which distinguishes between storys was no longer expedient. Architectonic designs which seek their motifs in palace architecture must be considered absolutely inappropriate for such conglomeration of cells, since they contradict the inner organization of the building."*)

La casa d'affitto nella Linke Wienzeile 38, 1898/99

Otto Wagner sognava un boulevard che, lungo il fiume Wien, collegasse il centro di Vienna con Schönbrunn. Lungo il boulevard dovevano sorgere le case da lui costruite. In realtà, però, egli vi poté costruire solo due edifici, e per di più solo su un lato di questa grandiosa strada immaginaria. Uno di essi è questa casa.
L'insolita soluzione d'angolo con la Köstlergasse è ulteriormente accentuata da un coronamento del tetto con mezzibusti di Othmar Schimkowitz.

Wagner si esprime in questi termini in merito alla facciata delle case d'affitto:

"Dal momento che il valore locativo dei singoli piani, inoltre, era stato alquanto equilibrato a seguito dell'installazione di ascensori, ne doveva necessariamente conseguire che la configurazione artistica esterna tramite l'evidenziazione dei piani non era più opportuna. Per questa ragione, formazioni architettoniche complesse, che cercano i loro soggetti nell'architettura del palazzo, devono essere definite completamente inopportune in tali conglomerati di cellule, perché sono in contrasto con la struttura interna dell'edificio."*)

La maison de rapport de la Linke Wienzeile 38, 1898/99

Otto Wagner rêvait d'une grande artère le long de la Wien, reliant les viennois à Schönbrunn. Ce boulevard devait être bordé des maisons qu'il construirait. En fait, il n'a pu y édifier que deux bâtiments et encore d'un seul côté de cette grandiose avenue imaginaire, dont cette maison, située au coin de la Köstlergasse.
L'architecture inhabituelle de cette maison d'angle est soulignée par un couronnement de toiture orné de statues d'Othmar Schimkowitz.

Wagner exprime ainsi sa conception des façades d'immeubles locatifs:

«La valeur locative des différents étages étant relativement équilibrée par l'installation d'ascenseurs, il n'apparaît plus opportun de différencier les étages par la décoration extérieure. Les compositions architecturales dont les motifs sont puisés dans l'architecture des palaces, sont totalement inadaptées à de tels conglomérats de cellules, parce qu'elles s'opposent tout simplement à la structure interne du bâtiment».*)

---

*) Aus: Die Kunstpraxis, in: Die Baukunst unserer Zeit, Dem Baukunstjünger ein Führer auf diesem Kunstgebiete von Otto Wagner, Verlag Anton Schroll & Co., 1914.

97 Miethaus Linke Wienzeile 38, Ecklösung. Die Halbfiguren über der Regentraufe wurden von Othmar Schimkowitz entworfen.

98 Miethaus Linke Wienzeile 38, Fassadendetail mit vergoldeten Medaillons von Koloman Moser

99 Miethaus Linke Wienzeile 38, Lift mit Treppenaufgang

100 Miethaus Linke Wienzeile 38, Stiegenhaus

101 Miethaus Linke Wienzeile 38, Stiegenhaus mit Liftumkleidung

102 Miethaus Linke Wienzeile 38, Treppenabschluß

103 Miethäuser Linke Wienzeile 40 und 38

Joseph August Lux, der Autor der ersten Monographie über Otto Wagner, bemerkt zu dessen Häusern:

„In Wien merkt man sich jedes Haus, das er damals gebaut hat. Es fällt einem unbedingt auf; man sagt sich, das ist wer, wie wenn man einer großen Persönlichkeit begegnet. Die umstehenden verblassen sofort und werden zu bloßen Hausnummern.
Aber die Wagner-Häuser sind keine bloßen Hausnummern, sie haben ihr eigenes Gesicht …"*)

Wagner's houses were described by Joseph August Lux, the author of the first monography on Otto Wagner, as follows:

"In Vienna you take notice of every house that was built at that time. Such a house attracts your attention absolutely; you regard it as being someone, as if you were face to face with a great personality. All the surrounding buildings instantly fade away and become nothing more than house numbers.
But Wagner houses are not merely house numbers, they have a face of their own …"*)

Joseph August Lux, l'autore della prima monografia su Otto Wagner, osserva a proposito delle sue case:

"A Vienna ci si ricorda di ogni casa che egli ha costruito a quel tempo. Esse non possono fare a meno di colpire la nostra attenzione; ci si dice, 'questa è importante' come quando si incontra un personaggio di spicco. Le case circostanti svaniscono immediatamente e divengono meri numeri civici.
Ma le case di Wagner non sono meri numeri civici, esse hanno la loro propria fisionomia…"*)

Joseph August Lux, l'auteur de la première monographie sur Otto Wagner, fait la remarque suivante à propos de ses maisons:

«A Vienne, on remarque chaque maison qu'il a construit à cette époque. On ne peut pas ne pas la voir; on se dit que c'est comme de rencontrer une personnalité marquante. Les maisons environnantes s'effacent immédiatement et deviennent de simples numéros.
Mais les maisons de Wagner ne sont pas de simples numéros, elles ont leur propre personnalité...»*)

*) Joseph August Lux, a. a. O., S. 55.

Das Miethaus Linke Wienzeile 40, 1898/99

Das ist das zweite von Wagner realisierte Gebäude entlang des von ihm erdachten Boulevards für seine Häuser. Bei diesem Haus setzte er seine Idee der witterungsunempfindlichen Häuserfront um, indem er an der Fassade Fliesenplatten anbringen ließ. Das Treppenhaus und die Liftanlage sind ähnlich wie im Ankerhaus am Graben gestaltet – flache Stufen erleichtern das Stiegensteigen.

So wie Olbrichs Secessionsgebäude den Spott der Wiener herausgefordert hatte, war auch das mit bunten Kacheln ornamentierte Majolikahaus den Wienern viel zu „wild" und zu „secessionistisch", in einem Stadtteil, der ansonsten nicht allzuviel Monumentales zu bieten hatte.

Der Zeitgenosse Hevesi urteilte:

„Die meisten Leute preisen besonders das goldene Haus. (Nebenbei, die originellen Medaillonköpfe des Frieses sind von Koloman Moser.) Das Haus ist in der Tat gut. Aber das Nebenhaus hat es uns noch mehr angetan, mit seiner Fliesenverkleidung, deren Blumen- und Blättermuster sich so fein und reich über die Fassade verästelt. Das Rot und Grün ist so glücklich getroffen, und die Stilisierung gleichfalls, und längs des Daches löst sich alles in einen breiten mosaikartig feingemischten Farbenfries auf. Otto Wagner baut solche Sachen für sich, nach seiner Fasson; man kauft sie ihm immer wieder ab."*)

La casa d'affitto nella Linke Wienzeile 40, 1898/99

Questo è il secondo edificio realizzato da Wagner lungo il boulevard da lui immaginato per le sue case. In questa costruzione egli ha concretizzato la sua idea di facciata resistente agli agenti atmosferici, facendola rivestire di piastrelle. La tromba delle scale e l'ascensore sono strutturati in modo analogo a quelli dell'Ankerhaus am Graben; salire le scale è più agevole, grazie ai gradini bassi.

Come il Palazzo della Secessione di Olbrich aveva suscitato la derisione dei viennesi, così anche la Casa della maiolica, decorata con piastrelle colorate, era per loro eccessivamente "sfrenata" e "secessionista", in un quartiere che per il resto non aveva troppe costruzioni monumentali da offrire.

Il contemporaneo Hevesi espresse questo parere:

"La maggior parte delle persone elogia particolarmente la Casa dorata. (Per inciso, le originali teste dei medaglioni del fregio sono di Koloman Moser.) Questa casa, in effetti, è bella, ma la casa attigua ci ha affascinato ancora di più, con il suo rivestimento di piastrelle, il cui disegno di fiori e foglie si ramifica così finemente e copiosamente sulla facciata. Il rosso e il verde sono così indovinati, come pure la stilizzazione, e lungo il tetto tutto si dissolve in un largo fregio a guisa di mosaico, dai delicati colori. Otto Wagner costruisce queste cose per sé, a modo suo, ma riesce sempre a venderle"*)

*) Ludwig Hevesi, Otto Wagners moderne Kirche, a. a. O., Seite 204.

The Apartment building Linke Wienzeile 40, 1898/99

This is the second building realized by Wagner along the boulevard he imagined for his houses. On this house he carried out his idea of a weatherproof building facade by applying ceramic plates onto it. The stairwell and the elevator are of a similar construction as that of the Ankerhaus on the Graben – flat steps to facilitate stair climbing.

Just like Olbrich's Secession Building, which provoked ridicule from the Viennese, the Majolika House with its colorful tile ornamentation was also felt by the Viennese to be much too "wild" and too "secessionistic", especially in view of the fact that it was located in a section of the city where there was hardly anything of significance by way of monumental buildings.

A writer of the era, Ludwig Hervesi, gave the following judgement:

"Most people especially praise the gold house. (The original medaillon heads on the frieze, incidently, are by Koloman Moser.) Indeed, it is a good house. But the house next to it made an even greater impression on us, with its encasement of tiles decorated with flower and leaf designs, which branch out so delicately and profusively over the façade of the building. The red and green colors are such a happy choice and the same can be said for the stylization. Along the roof everything then breaks up into a wide, delicately blended, mosaic-like colorful frieze. Otto Wagner builds these things for himself, in his own fashion; and, as usual, people continue to buy them from him."*)

La maison de rapport Linke Wienzeile 40, 1898/99

C'est le second bâtiment réalisé par Wagner le long du boulevard qu'il a imaginé pour ses maisons. Dans cette construction, il a concrétisé son idée d'une façade insensible aux intempéries en la faisant recouvrir de plaques de céramique. La cage d'escalier et l'ascenseur sont similaires à ceux de l'Ankerhaus am Graben – des marches planes facilitent la montée des escaliers.

Tout comme le bâtiment «sécessionniste» d'Olbrich suscita les railleries des viennois, la maison en majolique ornée de carreaux polychromes apparaissait trop «fantaisiste» et trop «sécessionniste» à leurs yeux, dans un quartier qui n'avait par ailleurs que peu de réalisations monumentales à offrir.

L'avis de Hevesi, un contemporain, sur cette maison:

«La plupart des gens admirent surtout la maison dorée (soit dit en passant, les têtes de médaillons de la frise sont de Koloman Moser). Il est vrai que c'est une belle construction. Mais la maison voisine nous séduit encore plus avec son revêtement de carreaux dont les motifs de fleurs et de feuilles se ramifient si finement et si richement sur la façade. Le rouge et le vert ainsi que la stylisation sont très réussis; le tout se dissout le long du toit dans une large frise de mosaïque aux tons délicats. Otto Wagner construit de telles choses pour lui, à sa manière; il arrive toujours à les revendre».*)

104 Miethaus Linke Wienzeile 40. Abbildung aus der Allgemeinen Bauzeitung, 1900

105 Miethaus Linke Wienzeile 40, Vorentwurf der Fassade

106 Miethaus Linke Wienzeile 40 (Majolikahaus) 1898/99, Fassade

107 Einige Skizzen, Band III, Titelblatt, 1906

108 Miethaus Linke Wienzeile 40, Fassadendetail im letzten Stockwerk

109 Miethaus Linke Wienzeile 40, Detail der Fassade

110 Miethaus Linke Wienzeile 40, Stiegenhaus mit Liftumkleidung

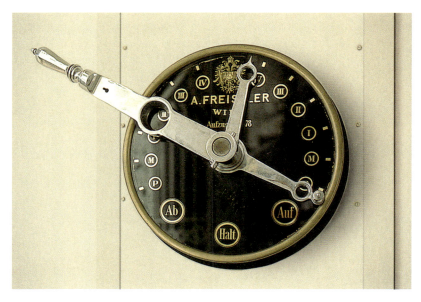

111 Miethaus Linke Wienzeile 40, Bedienungshebel für den Aufzug

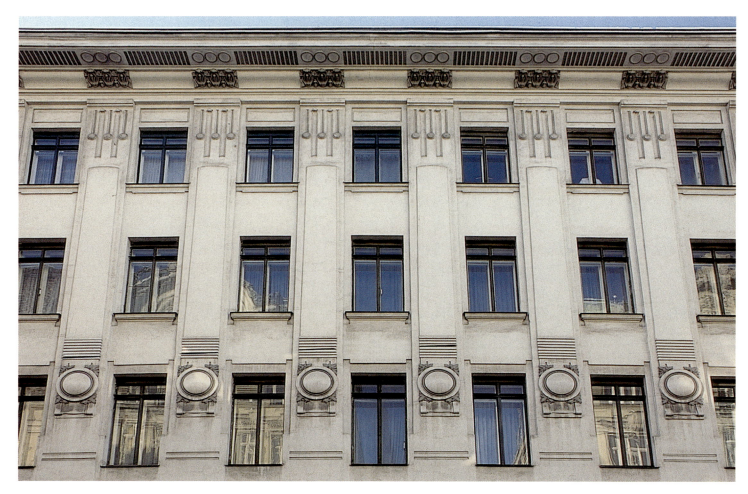

112 Miethaus Köstlergasse 3, Fassade

Miethaus Köstlergasse 3, 1898/99

An die Prachtbauten an der Wienzeile schließt ein weiteres Miethaus von Otto Wagner an. Die Fassade des Hauses in der Köstlergasse 3 ist im Gegensatz zu den Häusern an der Wienzeile unauffällig gestaltet. Auch hier lebte Wagner und richtete sich eine Wohnung selbst ein. Einschließlich der gläsernen Badewanne.

The Apartment building Köstlergasse 3, 1898/99

Among the magnificent buildings on the Wienzeile is another apartment building by Otto Wagner. The facade of the house on Köstlergasse 3 is rather inconspicuous compared to those of the other houses on the Wienzeile. Wagner also lived here and he furnished the apartment's interior himself, including a bath tub made of glass.

La casa d'affitto nella Köstlergasse 3, 1898/99

Agli sfarzosi edifici nella Wienzeile si aggiunge un'ulteriore casa d'affitto di Otto Wagner. A differenza delle case nella Wienzeile, la facciata della casa nella Köstlergasse 3 è poco appariscente. Wagner è vissuto anche in questa casa, dove aveva arredato per sé un appartamento, compresa la vasca da bagno in vetro.

La Maison de rapport de la Köstlergasse 3, 1898/99

Aux prestigieux édifices de la Wienzeile vient s'ajouter une autre maison de rapport d'Otto Wagner. La décoration de la façade de la maison de la Köstlergasse 3 est, à la différence des maisons de la Wienzeile, plutôt discrète. Wagner a vécu dans cette maison également, où il avait aménagé lui-même un appartement et installé la baignoire en verre.

113 Miethaus Köstlergasse 3, Wohnung Wagner, Schlafzimmer. Messingbett und -nachttischchen. Seidentapeten von Adolf Böhm und Rudolf Jettmar mitgestaltet. (Zeitgenössische Fotografie)

114 Miethaus Köstlergasse 3, Badezimmer. Textil für Überzüge, Wandbespannung, Badetücher und -mantel aus einheitlichem Material. Die Badewanne besteht aus einem vernickeltem Metallrahmen und Spiegelglasplatten, 1898/99. (Zeitgenössische Fotografie)

Nußdorfer Wehr und Schleuse, 1894/98

Zum Schutz der niedrig gelegenen Stadtteile, der Hauptsammelkanäle und der Stadtbahn gegen Hochwasser und Treibeis, baute Otto Wagner in den Jahren 1894 bis 1898 bei Nußdorf ein Sperrwerk. Dieses bestand aus einem Nadelwehr im Donaukanal und aus einer Kammerschleuse in dem den Donaukanal mit der Donau verbindenden Schleusenkanal. Mit der Schleuse konnten die von der Donau kommenden Schiffe auf das Kanalniveau gesenkt und umgekehrt die aus dem Kanal ausfahrenden Schiffe auf das Stromniveau angehoben werden. Die Wehranlage ermöglichte eine zentimetergenaue Regelung des Wasserstandes.
Die Wehrbrücke wurde nach dem Wasserbaumeister Schemerl benannt. Auf den zwei monumentalen Wehrtürmen stehen Bronzelöwen von Rudolf Weyr. Zur Anlage gehören auch ein Verwaltungs- und ein Magazingebäude. Mit ihrem Bau gelang Wagner eine der schönsten Symbiosen zwischen Technik und Kunst.

Nußdorf Dam and Sluice, 1894/98

To protect the low-lying areas of the city, the principal municipal canals, and the Stadtbahn from flooding and drift ice, Otto Wagner built a sluice-gate at Nußdorf in 1894–1898. It consisted of a dam with frames and needles in the Danube Canal and a sluice with chambers in the sluice canal which connects the Danube Canal with the Danube River. By means of the sluice-gate, ships coming from the Danube River were lowered to Canal level, and ships leaving the Canal were lifted to Danube River level. The sluice installation's mechanism allowed the water level to be regulated with a precision that was accurate to within centimeters.
The bridge surmounting the dam was named after the hydraulic engineer Schemerl. The pylons are crowned with lions by Rudolf Weyr. The Nußdorf installation also incorporates an andministration block and a chain storehouse. Wagner's construction of these two buildings represents a beautiful symbiosis between technology and art.

La diga e la chiusa di Nussdorf, 1894/98

Allo scopo di proteggere dalle piene e dal ghiaccio alla deriva i quartieri bassi della città, i canali collettori generali e la ferrovia urbana, Otto Wagner costruì a Nussdorf, dal 1894 al 1898, un'opera di sbarramento, costituita da una diga a panconcelli nel canale del Danubio e da una chiusa a camera nel canale a chiuse, che collega il canale del Danubio con il Danubio. La chiusa permetteva di abbassare a livello del canale le imbarcazioni provenienti dal Danubio, e di sollevare a livello del fiume le imbarcazioni provenienti dal canale. L'impianto della diga permetteva di regolare con precisione al centimetro il livello dell'acqua.
Il ponte della diga fu chiamato con il nome dell'ingegnere idraulico Schemerl. Sui due giganteschi piloni della diga sono collocati i leoni in bronzo di Rudolf Weyr. Fanno parte di questa opera anche un edificio adibito all'amministrazione e uno adibito a magazzino. Con la sua costruzione Wagner riuscì a realizzare una delle più belle simbiosi tra tecnica ed arte.

Le Barrage de Nußdorf et écluse, 1894/98

Dans les années 1894 à 1898, Otto Wagner construisit une digue de barrage près de Nußdorf pour protéger les quartiers bas de la ville, les collecteurs généraux et le chemin de fer urbain des grandes crues et des glaces en dérive. Celle-ci comportait un barrage à aiguilles dans le canal du Danube et une écluse à sas dans le canal éclusé reliant le canal du Danube au Danube. L'écluse permettait aux bateaux venant du Danube de descendre au niveau du canal et inversement, les bateaux venant du canal pouvaient être relevés au niveau du fleuve. Le barrage permettait un réglage du niveau d'eau au centimètre près.
La passerelle du barrage à été baptisée du nom de l'architecte hydraulique Schemerl. Les deux énormes tours sont surmontées de lions en bronze dus à Rudolf Weyr. Un bâtiment administratif et un entrepôt font également partie de cet ouvrage. Avec cette construction, Wagner a réussi une des plus belles symbioses de la technique et de l'art.

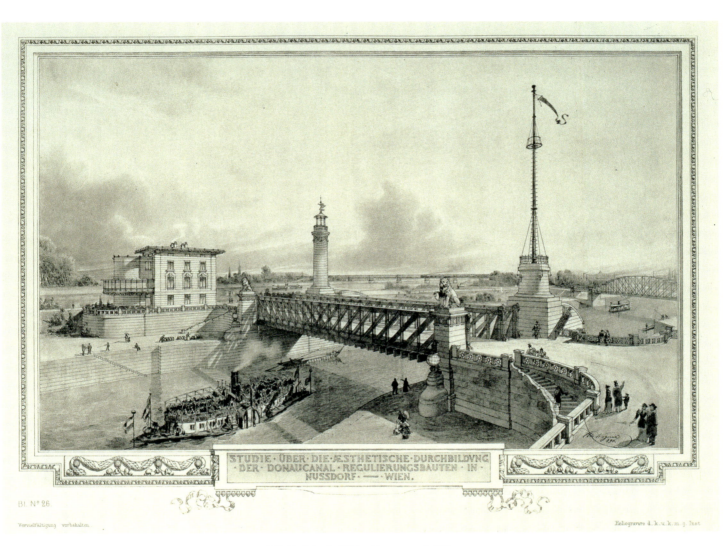

Within the image:
STUDIE · ÜBER · DIE · ÆSTHETISCHE · DURCHBILDVNG ·
DER · DONAUCANAL · REGULIERUNGSBAUTEN · IN ·
NVSSDORF · —— · WIEN.

115 Nußdorfer Wehr, Vorentwurf, 1894

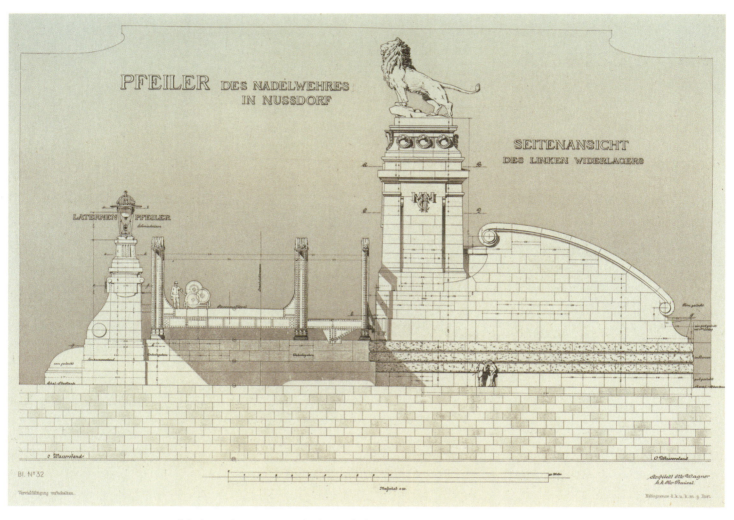

116 Nußdorfer Wehr, Seitenansicht des Widerlagers der Pfeiler und der Brückenkonstruktion

117 Nußdorfer Wehr, Pylon mit Bronzelöwe von Rudolf Weyr, 1894/98

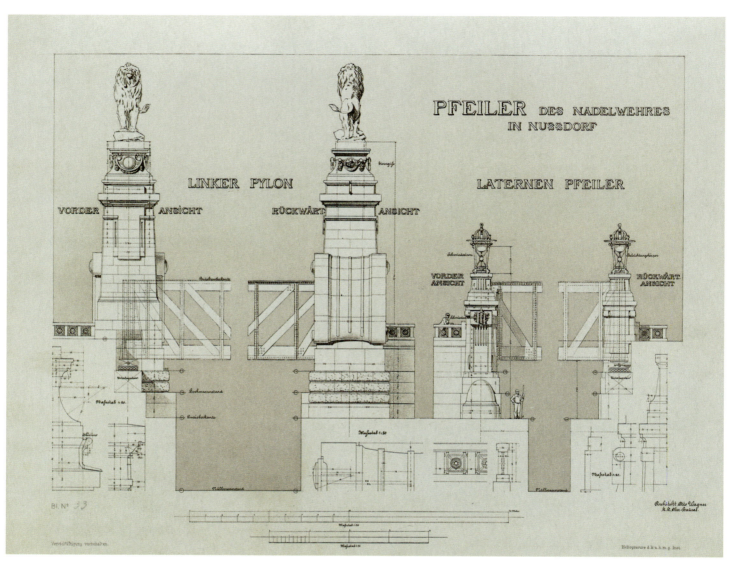

118 Nußdorfer Wehr, Pfeiler des Nadelwehres in Nußdorf, Aufriß

119 Nußdorfer Wehr, Blick vom Verwaltungsgebäude auf die Wehrbrücke und den Donaukanal

120 Nußdorfer Wehr, Brücke über den Donaukanal

121

121 Nußdorfer Wehr, Verwaltungsgebäude, Dachabschluß

122 Nußdorfer Wehr, Verwaltungsgebäude, 1898

123 Nußdorfer Wehr, Verwaltungsgebäude, Westseite

124 Nußdorfer Wehr, Ketten-
magazin und Stiegenabgang
zur Kaimauer

Das Depeschenbüro „Die Zeit", 1902

Über die Eröffnung ihres Depeschenbüros, in der Kärntner Straße 39, schrieb „Die Zeit":

„Seit gestern Abend ist Wien um eine neuzeitliche Attraction vornehmen Stils reicher ... Dieses neue Gebilde, aus dem Bedürfnis eines intensiven Großstadtlebens hervorgegangen, wird bald als eine moderne Verkehrseinrichtung unentbehrlich erscheinen; bildet es doch eine notwendige Ergänzung der heutigen verkehrstechnischen Schöpfungen, bestimmt, die einlaufenden Depeschen unmittelbar zur Kenntniß der Oeffentlichkeit zu bringen, schneller noch als es die Zeitung thun kann."*)

Dieses Büro existiert längst nicht mehr. Die Abbildung zeigt die in seiner Ausstellung „Traum und Wirklichkeit" dargebotene Rekonstruktion des Historischen Museums der Stadt Wien.

L'ufficio dispacci telegrafici "Die Zeit", 1902

Il giornale "Die Zeit", in occasione dell'inaugurazione del suo ufficio dispacci telegrafici nella Kärtner Strasse 39, scriveva:

"Da ieri sera Vienna si è arricchita di una moderna attrazione di gran classe... Questa nuova struttura, nata dalle esigenze della frenetica vita di una metropoli, apparirà ben presto indispensabile come moderno organo di comunicazione, in quanto il fatto di portare immediatamente a conoscenza dell'opinione pubblica i dispacci telegrafici in arrivo, più rapidamente di quanto possa farlo il giornale, costituisce un completamento necessario delle attuali strutture della tecnica di comunicazione."*)

Questo ufficio non esiste più da molto tempo. La fotografia mostra la ricostruzione a cura del Museo storico della città di Vienna, in occasione della sua mostra "Traum und Wirklichkeit".

The Dispatch office for "Die Zeit", 1902

On the occasion of the grand opening of its dispatch office at Kärntner Strasse 39, the newspaper "Die Zeit" reported the following:

"Since last evening, Vienna has gained yet another modern, elegantly styled attraction ... this new structure was created to meet the demands of intensive metropolitan life and will soon prove to be an indispensible modern communication installation; it is a necessary supplement to present day communication technology, as its purpose is to immediately inform the public of incoming dispatches, much quicker, even, than is possible by newspaper."*)

This office has long since disappeared. The illustation shows a reconstruction displayed at the exhibition "Traum und Wirklichkeit" at the Historical Museum of the City of Vienna.

Le bureau des dépêches «Die Zeit», 1902

«Die Zeit» présente ainsi l'ouverture de son bureau des dépêches de la Kärntner Strasse 39:

«Depuis hier soir, Vienne s'est enrichie d'une attraction moderne d'un style élégant. Cette nouvelle construction née des besoins de la vie trépidante d'une grande ville apparaîtra bientôt comme un organe de communication moderne indispensable; elle constitue un complément nécessaire aux réalisations modernes des techniques de communication en permettant de porter immédiatement les dépêches reçues à la connaissance du public, plus vite que ne peut le faire le journal.»*)

Ce bureau n'existe plus depuis longtemps. La photo montre la reconstruction proposée par le musée historique de la ville de Vienne lors de son exposition «Traum und Wirklichkeit».

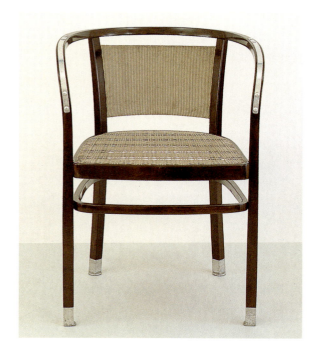

125 Depeschenbüro "Die Zeit", Armlehnsessel, 1902

*) Aus: Unser Depeschensaal: „Die Zeit", Morgenblatt, vom 27. September 1902, Seite 3.

126 Portal des Depeschenbüros "Die Zeit", Aluminium auf Eisen montiert (Rekonstruktion), Foto: Historisches Museum der Stadt Wien

127 Schützenhaus, Ansicht von Westen

Das Schützenhaus der Staustufe Kaiserbad, 1906/07

Das Schützenhaus ist das nunmehr funktionslose Schleusengebäude der nach dem Zweiten Weltkrieg aufgelassenen Kaiserbadschleuse. Von ihm aus wurde die Wehranlage betätigt und kontrolliert. Es enthielt einen stationären Wehrkran und das Schützendepot (mit „Schützen" sind die einen Wasserstau bewirkenden Tafeln gemeint).

Wieder beweist Otto Wagner, daß sich ein technischer Bau ästhetisch in die Stadtlandschaft einfügen kann. Das Schützenhaus weist auf die zunehmende Bestrebung des Architekten hin, seine Bauten immer sparsamer zu schmücken. Lediglich die blau glasierten Keramikplatten mit den symbolischen Ornamenten von Wellen lockern die zurückhaltende Fassadengestaltung auf und vermitteln einen optischen Reiz.

The Schützenhaus, 1906/07
(Control building at the Kaiserbad Dam)

The Schützenhaus is the now functionless sluice building at the Kaiserbad dam, which was put out of operation after World War II. The dam was operated and controlled from this building. It contained a fixed crane and a storeroom for the sluice plates – the Schützen – which were used to dam up the water.

Once again, Otto Wagner proves that a technical building can be aesthetically integrated into the cityscape. The Schützenhaus displays the architect's increasing effort to minimize ornamentation on his buidings: the blue glazed ceramic plates decorated with symbolized waves liven up the unobstrusive facade and provide a charming optical effect.

128 Schützenhaus, Blick vom anderen Ufer des Donaukanals

Lo Schützenhaus dell'impianto di sbarramento Kaiserbad, 1906/07

Lo Schützenhaus è l'edificio, ormai fuori servizio, della chiusa Kaiserbad, dismessa dopo la Seconda Guerra Mondiale. Da qui veniva azionato e controllato l'impianto della diga. Nello Schützenhaus si trovavano la gru stazionaria della diga e il deposito delle saracinesche (la parola "Schützen" indica le paratoie preposte alla ritenuta dell'acqua).

Ancora una volta Otto Wagner dimostra che una costruzione tecnica può inserirsi esteticamente nel paesaggio urbano. Lo Schützenhaus denota la crescente tendenza dell'architetto a decorare sempre più sobriamente le sue costruzioni. Solamente i pannelli di ceramica in smalto azzurro, che rappresentano simbolicamente le onde, vivacizzano la sobria struttura della facciata e contribuiscono a un gradevole effetto visivo.

.Le Schützenhaus du barrage-écluse Kaiserbad, 1906/07

Le Schützenhaus est le bâtiment, désormais hors service, de l'écluse de Kaiserbad, désaffectée après la seconde guerre mondiale. C'est de là qu'était commandé et contrôlé le barrage. Elle comportait une grue et le dépôt des vannes (les «vannes» désignent ici les panneaux qui commandent une écluse).

Otto Wagner prouve une fois de plus qu'un bâtiment technique peut s'intégrer esthétiquement dans le paysage urbain. La maison des vannes témoigne de la volonté croissante de l'architecte de décorer sobrement ses bâtiments. Seules les plaques de céramique en émail bleu avec leurs ornementations symbolisant des vagues rehaussent la discrétion de la façade et lui donnent un aspect attrayant.

Die Kirche am Steinhof, 1905/07
Psychiatrisches Krankenhaus, Baumgartner Höhe 1

Der Bürgermeister von Wien, Dr. Karl Lueger, setzte sich vehement dafür ein, daß Wien eine moderne Heil- und Pflegeanstalt für psychisch Kranke erhalte. Der Narrenturm im Allgemeinen Krankenhaus war nicht mehr zeitgemäß, und das nächste moderne Spital für Geisteskranke befand sich in Mauer-Öhling.

Obwohl Otto Wagner einen Plan für die gesamte Anlage einer Heil- und Pflegeanstalt im Pavillonsystem am Steinhof entwirft, wird er nur mit dem Bau der Kirche beauftragt.

Mit seinen Schülern Marcel Kammerer und Otto Schönthal baut Wagner die Kirche in dominanter Lage, über den Pavillons der Anstalt. Sie ist ein Zentralbau, besucherfreundlich, was die Sichtverhältnisse und die Akustik anbelangt, in dem auch für praktische Probleme, wie die Reinigung und Beheizung, bestens vorgesorgt ist, der überdies den besonderen Bedürfnissen einer Kirche für Geisteskranke entspricht, der dem Kirchenbesucher aber auch eine künstlerische Ausstattung von Rang darbietet.

The Church Am Steinhof 1905/07
Psychiatric hospital building, Baumgartner Höhe 1

Vienna's mayor Dr. Karl Lueger vigorously advocated the erection of a modern insane asylum in Vienna. The so-called "fools tower" at Vienna's general hospital was hopelessly outdated, and the next closest modern hospital for the mentally ill was in Mauer-Öhling.

Although he drafted a plan comprising a pavilion system for the entire asylum complex at Steinhof, Otto Wagner was ultimately only commissioned with the construction of the church.

Together with his students Marcel Kammerer and Otto Schönthal, Wagner erected the church on a prominent location overlooking the pavilions of the asylum. The church is a centralized building. Optics and acoustics in the church are totally geared towards the visitor, and solutions for practical problems, such as cleaning and heating, are ingeniously provided for. The church fulfills all the requirements for a building for the mentally ill, while at the same time offering its visitors a supurb display of artistic design.

La chiesa sullo Steinhof 1905/07
Ospedale psichiatrico, Baumgartner Höhe 1

Il Sindaco di Vienna, Dott. Karl Lueger, si impegnò con passione per fare sì che Vienna fosse dotata di una moderna clinica e casa di cura per malati di mente. Il manicomio situato nell'Ospedale Generale non era più all'altezza dei tempi e l'ospedale psichiatrico moderno più vicino si trovava a Mauer-Öhling.

Sebbene Otto Wagner avesse realizzato un progetto per l'intero complesso di una clinica e casa di cura, con una tipologia a padiglioni sullo Steinhof, fu incaricato solo della costruzione della chiesa.

Insieme ai suoi discepoli Marcel Kammerer e Otto Schönthal, Wagner costruisce la chiesa in posizione dominante rispetto ai padiglioni della clinica. Si tratta di una costruzione centrale, accogliente per i visitatori per quanto riguarda le condizioni di visibilità e di acustica, perfettamente attrezzata anche per i problemi pratici come la pulizia e il riscaldamento, che inoltre soddisfa le particolari esigenze di una chiesa concepita per i malati di mente, ma che offre ai visitatori anche un insieme artistico di qualità.

L'église de Steinhof, 1905/07
Hôpital psychiatrique, Baumgartner Höhe 1

Le maire de Vienne, le Dr. Karl Lueger, a tout fait pour doter Vienne d'un hôpital psychiatrique moderne pour accueillir les malades mentaux. La «tour des fous» dans le grand hôpital de la ville, le «Allgemeine Krankenhaus», était surannée et l'hôpital psychiatrique moderne le plus proche se trouvait à Mauer-Öhling.

Bien qu'Otto Wagner ait conçu l'ensemble du complexe hospitalier de Steinhof selon un plan pavillonnaire, il n'est chargé que de la construction de l'église. Avec ses élèves Marcel Kammerer et Otto Schönthal, Wagner construit l'église sur un site dominant les pavillons de la clinique. C'est un bâtiment central, accueillant, qui offre au visiteur une belle visibilité et une acoustique remarquable, dans lequel les problèmes pratiques tels que le nettoyage et le chauffage ont été pris en compte, qui répond en outre aux exigences particulières d'une église destinée aux malades mentaux, mais qui offre aussi au fidèle un ensemble artistique de qualité.

129 Kirche am Steinhof (St. Leopold), Wettbewerbsentwurf, Perspektive, 1902

KIRCHE·FÜR·DIE·N·Ö·∴
LANDES·IRRENANSTALT.

LÄNGEN·SCHNIT

1:100

OBERBAVRAT·OTTO·WAGNER·

130 Kirche am Steinhof, Vorentwurf, Längsschnitt, 1902

130

KIRCHE·FŪR·DIE·N·Ö
LANDES·IRRENAN STALT.

1:100

OBERBAURAT·OTTO·WAGNER·

HAVPT·FAÇADE

131 Kirche am Steinhof, Vorentwurf, Aufriß der Hauptfassade, 1902

131

NIEDER OEST. LAN
DES HEILVND
PFLEGE ANSTALTEN
DIE ANSTALTSKIRCHE

LÄNGENSCHNITT
: C=D
ARCHITEKT
OTTO WAGNER
K·K·OBERBAVRAT

M:1:100

132 Kirche am Steinhof, Längsschnitt, 1904

132

133 Kirche am Steinhof, Hauptfassade, 1904

133

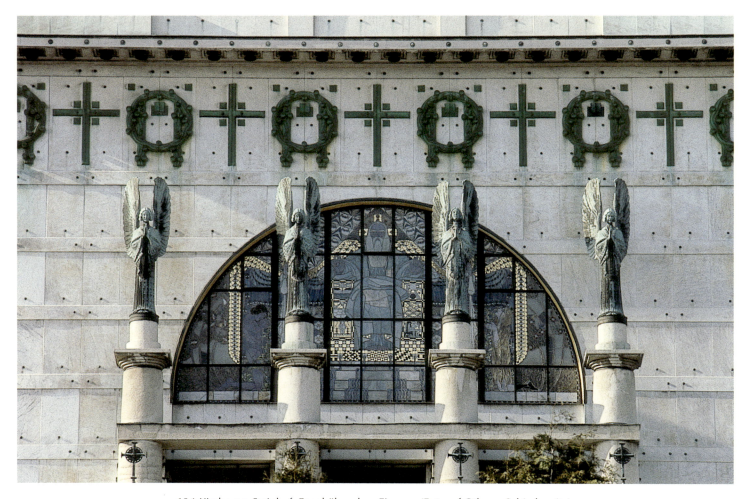

134 Kirche am Steinhof, Engel über dem Eingang (Entwurf Othmar Schimkowitz).
"Der Sündenfall im Paradies" heißt das Mosaikbild des Chorfensters, eine Arbeit von Koloman Moser

Solange das Gold noch nicht verwittert war, glänzte die vergoldete Kuppel der Kirche weithin sichtbar, gleichsam als Wahrzeichen der westlichen Bezirke, denn die Kirche hat, und zwar standortbedingt, eine ungeheure optische Fernwirkung.

Die vier Engel über dem Eingang sind von Othmar Schimkowitz. Die Skulpturen der Landespatrone St. Leopold und St. Severin auf den Ecktürmen der Fassade hat Richard Luksch geschaffen.

The glittering gold dome (originally, it was gilded before wind and weather took its toll), was visible from afar, making it a landmark for Vienna's western districts. Due to its prominent location on a hill, the church's visibility from a distance is remarkable.

The four angels above the main entrance are by Othmar Schimkowitz. The sculptures of the local saints St. Leopold and St. Severin on the corner towers of the facade are by Richard Luksch.

Fino a quando l'oro non si era ancora disgregato a causa delle intemperie, la cupola dorata della chiesa splendeva da lontano, quasi fosse il simbolo dei quartieri occidentali, perché la chiesa, data la sua ubicazione, esercita a distanza un incredibile effetto ottico.

I quattro angeli situati sopra l'ingresso sono di Othmar Schimkowitz. Le sculture dei patroni della regione, San Leopoldo e San Severino, situate sulle torri d'angolo della facciata, sono opera di Richard Luksch.

Tant que l'or n'était pas encore terni par les intempéries, la coupole dorée de l'église brillait au loin, comme le symbole des quartiers ouest, car l'église est située sur une hauteur et domine les environs.

Les quatre anges au-dessus de l'entrée sont d'Othmar Schimkowitz. Les sculptures des patrons du pays, St. Leopold et St. Severin, sur les tours d'angle de la façade, ont été sculptées par Richard Luksch.

135 Kirche am Steinhof. Die Turmbekrönungen stellen die Landespatrone St. Leopold und St. Severin dar (Entwurf: Richard Luksch)

136 Kirche am Steinhof,
Turmkrone mit dem Landespatron St. Leopold

137 Kirche am Steinhof, Ecklösung

138 Kirche am Steinhof, Ansicht des Haupteinganges. Dach aus Kupferwellblech mit Bronzestützen

139 Kirche am Steinhof, Pesbyterium, Blick vom Chor

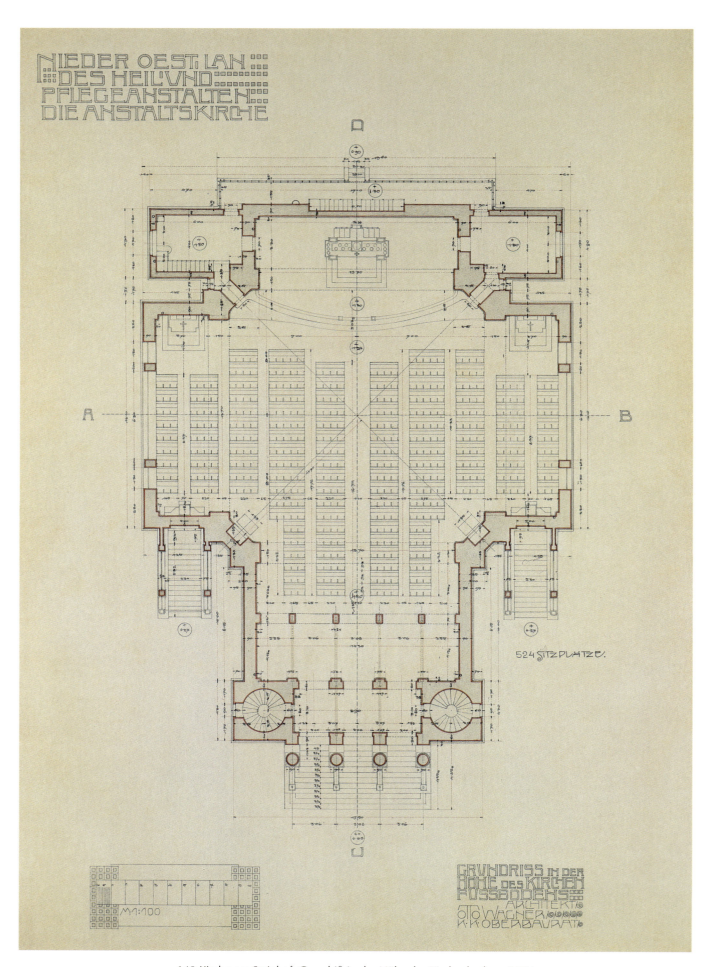

140 Kirche am Steinhof, Grundriß in der Höhe des Kirchenbodens, 1904

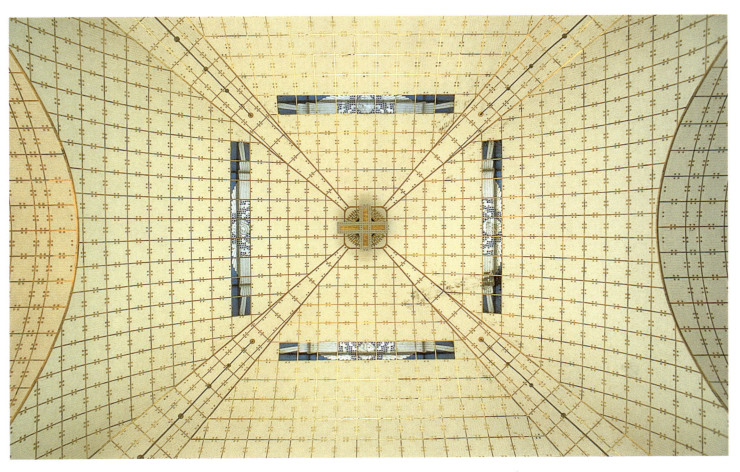

141 Kirche am Steinhof, Zierdecke in der Vierung, Deckenfenster von Koloman Moser

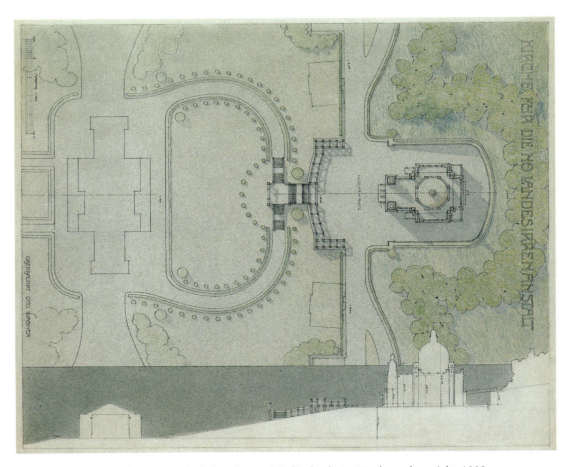

142 Kirche am Steinhof, Situation und Geländeschnitt, Wettbewerbsprojekt, 1902

Wagner selbst schreibt über die Kirche:

„Die Farbe der Fenster ist zum größten Teile weiß durchscheinend, mit wenigen verstreuten Farbenpunkten. Die Hauptfarbwirkung soll auf das Presbyterium, respektive den Hochaltar konzentriert werden. Dieser ist aus Marmor mit reicher vergoldeter Bronze gedacht und wird er, seiner Bedeutung gemäß, mit dem Baldachin, dem dahinter liegenden großen Bilde etc. den Konzentrationspunkt des Raumes bilden. Der in die Kirche Eintretende muß durch diese Anordnungen die beabsichtige künstlerische Wirkung fühlen.
Das Tor und die Vorhallen dämpfen durch ihre Höhe und Lichtwirkung absichtlich den sinnlichen Eindruck auf den Kirchenbesucher, um ihm nach Durchschreiten dieser Schauvorbereitung den vollen Eindruck der Raumwirkung zu bieten, welche Wirkung, wie oben erwähnt, sich in Bälde auf den Hochaltar konzentrieren wird. Je schneller das menschliche Auge zu diesem Punkte hingelenkt wird, je größer also die befehlende künstlerische Impression ist, je richtiger erscheint die künstlerische Lösung. Verstärkt wird in diesem Falle die Wirkung sicher noch dadurch, daß die Farbe im Kirchenraume recht spärlich verwendet ist und erst im Presbyterium zum ästhetischen Erfolge benützt ist, und zwar gerade dort, wo sie sich mit dem Scheine der Kerzen, der Farbwirkung von Teppichen, Blumen, Paramenten und der Wirkung des elektrischen Lichtes vereint."*)

Wagner himself writes about the church:

"The color of the windows is mostly a translucent white, with a few spots of color scattered in between. The main color effect will be concentrated on the presbytery and the high altar. The latter will be made of marble and richly gilded bronze and, befitting its importance, will, together with the baldachin, the large picture situated behind it, etc., form the focus of concentration. Those entering the church will feel the artistic effect that is intended with this arrangement.
The height and luminous effect of the main entrance and vestibule intentionally create a subduing effect on the sensory impressions of the visitor who, after having walked through this prepratory section, will experience the effect of the interior to its fullest extent, an effect which, as I already mentioned, will soon be concentrated on the high altar. The quicker the human eye can be directed to this point and, therefore, the greater the impact of the artistic impression, the seemingly better the artistic solution. In this case, the effect is surely further enhanced by a most sparing use of color throughout the interior of the church, except for the presbytery, where it is then employed in such a way as to achieve a maximum aesthetic effect, namely exactly at that point where it unites with the glow of the candles, the colors of the carpet, flowers, paraments, and the effect of the electric lighting."*)

Wagner stesso scrive, a proposito della chiesa:

"Il colore delle finestre è per lo più un bianco traslucido, con pochi punti di colore sparsi. L'effetto cromatico principale deve essere concentrato sul presbiterio, in particolare sull'altar maggiore, che è progettato in marmo con una ricca decorazione in bronzo dorato. In funzione della sua importanza, l'altar maggiore, insieme al baldacchino, al grande quadro retrostante, ecc., costituirà il punto di concentrazione dello spazio. Grazie a questa disposizione, chi entra in chiesa deve percepire l'effetto artistico che si vuole perseguire.
La porta ed i vestiboli, con la loro altezza e il loro effetto di luce, attenuano volutamente l'impressione sensoriale sul visitatore della chiesa, per offrirgli, dopo che avrà passato questa zona visiva preparatoria, la pienezza dell'impressione dell'effetto spaziale, effetto che, come si è già detto, si concentrerà ben presto sull'altar maggiore. Quanto più rapidamente l'occhio umano sarà guidato verso questo punto, vale a dire quanto più forte sarà l'imperativa impressione artistica, tanto più giusta apparirà la soluzione artistica. L'effetto, in questo caso, è sicuramente rafforzato dal fatto che nella chiesa il colore è utilizzato con molta parsimonia, solo nel presbiterio è impiegato per l'effetto estetico, e proprio là dove il colore si unisce al baluginio delle candele, all'effetto cromatico dei tappeti, dei fiori dei paramenti ed all'effetto della luce elettrica"*)

Wagner écrit lui-même au sujet de l'église:

«Les vitraux ont une couleur blanche translucide dominante, avec quelques points de couleur dispersés. L'effet de couleur doit principalement être concentré sur le cœur, en particulier sur le maître-autel. Celui-ci est réalisé en marbre avec du bronze doré et constituera, conformément à son importance, avec le baldaquin, le grand tableau à l'arrière etc. le point de concentration de l'espace. Cette disposition doit faire sentir au visiteur qui pénètre dans l'église l'effet artistique recherché.
Par leur hauteur et leur effet de lumière, le portail et les porches doivent atténuer l'impression sensuelle sur le visiteur de l'église pour lui offrir, après le passage dans cette zone préparatoire, l'impression d'espace dans toute sa plénitude, qui se concentrera bientôt sur le maître-autel. Plus vite l'œil humain sera guidé vers ce point, plus forte sera l'impression artistique et plus juste apparaîtra la solution choisie. L'effet sera certainement encore renforcé par le fait que la couleur est employée avec parcimonie dans l'église et n'est utilisée pour la réussite esthétique que dans le cœur et uniquement là où elle se marie à la lueur des cierges, à la couleur des tapis, des ornements floraux et à l'effet de la lumière électrique.»*)

*) Aus: Die Kirche der niederösterreichischen Landes-Heil- und Pflegeanstalten, in: Otto Wagner, Einige Skizzen, Projekte und ausgeführte Bauwerke, Band IV, Verlag Anton Schroll & Co, Wien, 1922.

143 Kirche am Steinhof, seitliche Glasmosaikfenster von Koloman Moser

144 Kirche am Steinhof, seitliche Fenster des Chors. Entwurf von Koloman Moser

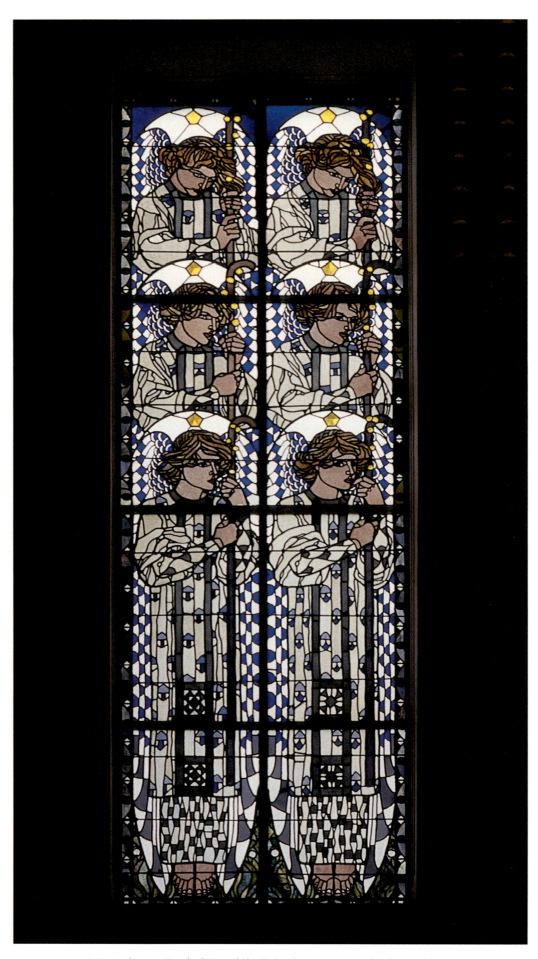

145 Kirche am Steinhof, Detail des Seitenfensters, Entwurf Koloman Moser

Wagner wollte für die Altartafel kein Ölbild. Daher bestellte er bei Koloman Moser, der schon die Seitenfenster entworfen hatte, ein Mosaik.

Da Moser kurz zuvor eine Protestantin geheiratet hatte und selber zum Protestantismus konvertiert war, lehnte der Hofkaplan Prof. Heinrich Swoboda, Beirat des Baukomitees, seinen Entwurf ab. Auch der Entwurf des daraufhin beauftragten Carl Ederer wurde nicht angenommen. Schließlich gefiel das von Remigius Geyling entworfene Mosaik, und es wurde von Leopold Forstner ausgeführt.

Da das Mosaik vier Tonnen wiegt, muß Forstner eine zusätzliche Wand anbringen lassen. Erst im Frühjahr 1913, mehr als fünf Jahre nach Einweihung der Kirche, kann das Mosaikbild montiert werden.

Wagner did not want an oil painting for the altarpiece. Therefore, he commissioned Koloman Moser, who had already designed the side windows, with a mosaic.

Moser had only recently before married a Protestant woman and had himself converted to Protestantism, and for this reason the royal chaplain, Prof. Heinrich Swoboda, who was advisor to the building committee, rejected his plan. The plan submitted by Carl Ederer, who was commissioned after him, was also rejected. Finally, a mosaic designed by Remigius Geyling won the committee's approval and it was executed by Leopold Forstner.

Because of the mosaic's immense weight of four tons, Forstner had an additional wall installed. It was not until the spring of 1913, more than five years after the church's consecration, that the mosaic picture was finally installed.

Wagner non volle un quadro ad olio per la pala dell'altare. Per questa ragione commissionò un mosaico a Koloman Moser, che aveva già progettato le finestre laterali.

Poiché Moser, poco prima, aveva sposato una protestante e si era egli stesso convertito al protestantesimo, il cappellano di corte, Prof. Heinrich Swoboda, consigliere del comitato per l'edilizia, respinse il suo progetto. Anche il progetto di Carl Ederer, a cui era stato successivamente affidato l'incarico, venne respinto. Il gradimento fu infine ottenuto dal mosaico progettato da Remigius Geyling, che fu realizzato da Leopold Forstner.

Dato che il mosaico pesa quattro tonnellate, Forstner dovette fare erigere un muro supplementare. L'opera musiva poté essere installata solo nella primavera del 1913, cinque anni dopo la consacrazione della chiesa.

Wagner ne voulait pas de peinture à l'huile pour le tableau d'autel et c'est ainsi qu'il commanda une mosaïque à Koloman Moser, qui avait déjà dessiné la fenêtre latérale.

Mais Moser venait d'épouser une protestante et s'était lui-même converti au protestantisme, c'est pourquoi le chapelain de la Cour, Prof. Heinrich Swoboda, conseilleur au sein du comité de construction, refusa son projet. Carl Ederer, chargé après lui de présenter un projet, n'eut pas plus de succès. Ce fut finalement la mosaïque dessinée par Remigius Geyling qui obtint l'approbation; elle fut exécutée par Leopold Forstner.

Vu que cette mosaïque pèse quatre tonnes, Forstner dut faire ériger une paroi supplémentaire. Ce n'est qu'au printemps 1913, plus de cinq ans après la consécration de l'église, que ce tableau en mosaïque put être monté.

NIEDER ÖST. LAN:
DES: HEIL VND
PFLEGEANSTALTEN
DIE ANSTALTS KIRCHE

HOCHALTAR MIT:
BALDACHIN
VORDERAN
SICHT MASST II 1:75

ARCHITEKT
OTTO WAGNER
K·K· OBERBAVRAT

146 Kirche am Steinhof, Entwurf für den Hochaltar, 1904

147 Kirche am Steinhof, Hochaltar mit Baldachin. Mosaik von Remigius Geyling, 1913 vollendet

148 Kirche am Steinhof, Seitenansicht des Hochaltars

149 Kirche am Steinhof, Baldachin des Hochaltars. Engel von Othmar Schimkowitz entworfen

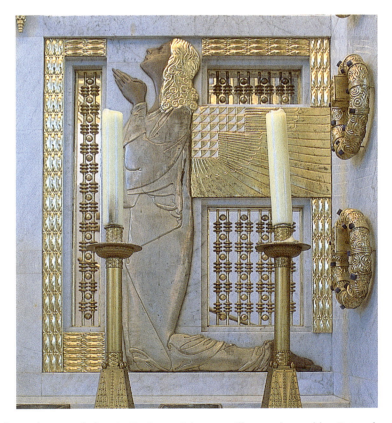

150 Kirche am Steinhof, Engel am Hochaltar. In Kupfer getrieben, versilbert und vergoldet. Entwurf von Othmar Schimkowitz

Die Postsparkasse, 1904/06
Georg-Coch-Platz 2

Das Postsparkassengebäude ist Wagners bekanntester und am meisten bewunderter Bau. Nicht nur das, es ist auch seine modernste und fortschrittlichste Architektur, die, und das war für die Zeit der Errichtung fast unnachahmlich, allen Anforderungen an so einen repräsentativen und nicht zu kostspieligen Bau genügt. Das Gebäude kann auch wegen der dabei verwendeten Materialien als bahnbrechend bezeichnet werden. Die Postsparkasse gehört daher zu den Pionierleistungen der modernen Architektur.

Die Fassaden sind mit Granit- und Marmorplatten verkleidet. Diese sind fixiert durch Metallbolzen mit sichtbaren Aluminiumköpfen, die so angeordnet sind, daß sie von weitem an eine gigantische Pilasterordnung erinnern oder das ganze Gebäude als einen riesigen gepanzerten Geldschrank erscheinen lassen. Der Mittelrisalit gegen die Ringstraße zu wird, außer durch Dachaufbauten, mit zwei Eckakroterien von Othmar Schimkowitz in Form kolossaler Aluminiumengel betont. Das marmorverkleidete Vestibül enthält eine Büste Kaiser Franz Josephs I. von Richard Luksch. Hinter dem Vestibül liegt der berühmte Kassensaal, das Herzstück des Gebäudes. Sein Boden aus Glasbausteinen läßt eine Belichtung der Räume darunter zu. Der Saal hat ein tonnengewölbtes Glasdach auf Eisenträgern, das durch ein zweites gläsernes Satteldach darüber geschützt ist.

Wenn es stimmt, daß Kaiser Franz Joseph I. bei einem Blick in den Kassensaal gesagt hat: „Merkwürdig, wie gut die Menschen hineinpassen", dann hat der alte Kaiser treffend geurteilt.

The Postsparkasse, 1904/06
Georg-Coch-Platz 2

The Postsparkasse is Wagner's most well-known and most widely admired building. Not only that, it is also his most modern and progressive architecture which, practicably inimitable at the time of its construction, fulfilled all the requirements for a representative and not overly expensive building. The types of building materials used for its construction were nothing short of revolutionary. The *Postsparkasse* is truly one of the pioneering works of modern architecture.

The facades are faced with granite and marble plates. These are held in position by metal bolts with visible aluminum heads arranged in such a way that, from a distance, they remind one of a gigantic pilaster formation or make the building look like a huge armored safe. In addition to its roof superstructure, the center projection facing the Ringstraße is further accentuated by two corner acroteria shaped by colossal aluminum angles by Othmar Schimkowitz. The vestibule is faced with marble and contains a bust of Emperor Francis Joseph I by Richard Luksch. The heart of the building, the famous main counter hall, is located behind the vestibule. The counter hall's floor is made of glass panels, allowing light to flow into the rooms below. The hall has a cylindrical glass roof supported by iron beams, and is protected by a second glass saddle roof above it.

Emperor Francis Joseph I, upon gazing into the counter hall, is said to have made the following comment: "Remarkable how well people fit in here." The emperor's comment was very accurate indeed.

151 K.K. Postsparkassenamtsgebäude, Detail des Mittelrisalites, Wettbewerbsentwurf, 1903

La Postsparkasse (Cassa di risparmio postale), 1904/06
Georg-Coch-Platz 2

L'edificio della Cassa di risparmio postale, è l'opera più nota e più ammirata di Wagner. Non solo, essa rappresenta anche la sua architettura più moderna e più d'avanguardia, che – e ciò era pressoché inimitabile per l'epoca della sua costruzione – soddisfaceva tutti i requisiti a cui doveva rispondere un edificio così rappresentativo e non troppo costoso. Questa opera può essere considerata rivoluzionaria anche a motivo dei materiali utilizzati per la sua costruzione. Per questa ragione la Cassa di risparmio postale rientra nel novero delle realizzazioni pionieristiche dell'architettura moderna.

Le facciate sono rivestite di lastre di granito e di marmo, fissate per mezzo di bulloni metallici con teste d'alluminio a vista, disposte in modo tale che, da lontano, fanno pensare ad un gigantesco ordine di pilastri, o fanno apparire l'intero edificio un'enorme cassaforte blindata. L'avancorpo mediano verso la Ringstrasse è evidenziato, oltre che dalle sovrastrutture del tetto, da due acroteri d'angolo, opera di Othmar Schimkowitz, sotto forma di colossali angeli in alluminio. Nel vestibolo, rivestito di marmo, è situato un busto dell'imperatore Francesco Giuseppe I di Richard Luksch. Dietro il vestibolo si trova la celebre sala degli sportelli, il cuore dell'edificio. Il suo pavimento, costituito da mattonelle di vetro, permette l'illuminazione dell'ambiente dal basso. La sala è sormontata da una volta a botte, in vetro, sorretta da travi di ferro, protetta a sua volta da un secondo tetto a doppia falda, anch'esso in vetro.

Se è vero che l'imperatore Francesco Giuseppe I, guardando la sala degli sportelli, avrebbe commentato: "È sorprendente, come la gente qui dentro si senta a proprio agio", bisogna dire che il vecchio imperatore ha proprio colto nel segno.

La caisse d'épargne postale, 1904/06
Georg-Coch-Platz 2

La caisse d'épargne postale est le bâtiment le plus connu et le plus admiré de Wagner. Outre cela, il incarne également son architecture la plus moderne et la plus progressiste qui – et cela était quasiment inimitable à l'époque de sa construction – répond à toutes les exigences posées à un bâtiment aussi représentatif et peu onéreux. Par les matériaux utilisés, le bâtiment peut être également considéré comme révolutionnaire. Le bâtiment de la caisse d'épargne est de ce fait une des réalisations pionnières de l'architecture moderne.

Les façades sont revêtues de plaques de granit et de marbre. Celles-ci sont fixées par des goujons métalliques à têtes d'aluminium visibles qui sont disposées de manière à rappeler de loin une gigantesque disposition en pilastre ou font apparaître l'ensemble du bâtiment comme un énorme coffre-fort blindé. Le ressaut médian de la façade vers la Ringstraße est souligné, outre par la superstructure du toit, par deux acrotères d'angle d'Othmar Schimkowitz en forme d'anges colossaux en aluminium. Le vestibule revêtu de marbre renferme un buste de l'empereur François Joseph 1er, sculpté par Richard Luksch. Derrière le vestibule on trouve la célèbre salle des guichets, le cœur du bâtiment. Son sol en briques de verre permet l'éclairage des locaux inférieurs. La salle est surmontée d'un toit en verre cintré reposant sur des supports métalliques et protégé par un second toit à deux versants en verre.

S'il est exact que l'empereur François Joseph 1er a dit, en regardant la salle des guichets: » C'est étonnant, combien les gens sont ici à leur place», alors le jugement du vieil empereur était judicieux.

152 K.K. Postsparkassenamt, Mittelrisalit, Wettbewerbsprojekt, 1903

Joseph August Lux stellt zur Postsparkasse unter anderem fest:

"Der Versuch liegt nahe, die Postsparkasse mit dem Bau der Länderbank zu vergleichen. Auf den ersten Blick hin beurteilt, gehören sie zwei verschiedenen Welten an. Das eine Bauwerk repräsentiert das XIX: Jahrhundert, das andere das XX.
An der Postsparkassa erinnert nichts mehr an die 'freie Renaissance'. Keine Reminiszenz an historische Stile, keine Palazzoarchitektur, keine Monumentalität aus der Schatzkammer der Überlieferung – sondern alles Nutzstil. Die Materialfragen treten in den Vordergrund. Eisenbeton, Glas, Marmor, Aluminium, Hartgummi usw. sind die Elemente, aus denen sich das Werk zusammensetzt. Lauter neue Worte! Daran hätte kein Architekt zur Zeit als die Länderbank gebaut wurde, gedacht. Otto Wagner hat sie entdeckt. Wenn er diese Materialien auch nicht erfunden hat, so hat er ihnen doch die aktuelle Bedeutung gegeben; er hat ihre Nutzanwendung für die Architektur entdeckt.
Damit hat er zugleich auch die entscheidenden Mittel der Charakteristik gefunden, die sein Neues so sehr von seinem früher Geschaffenen unterscheidet. Aus Marmor und Aluminium entsteht die Fassade, das Bauwerk gleicht einer riesigen Geldkiste über und über mit Nägelköpfen bedeckt – trotzdem entbehrt es nicht einer gewissen Monumentalität und schon gar nicht der Charakteristik, weil sein Inneres, sein Zweck, die Idee so ganz unvermittelt und klar nach außen spricht."*)

Joseph August Lux on the Postsparkasse:

"It is tempting to compare the Postsparkasse with the Länderbank building. At first glance, they seem to belong to two different worlds. The one building represents the 19th century, the other the 20th.
Nothing about the Postsparkasse reminds one of the 'free Renaissance style'. No reminiscence of historic styles, no palazzo architecture, nothing monumental borrowed from the treasury box of tradition – everything is kept in the utility style. Use of material takes pride of place. Reinforced concrete, glass, marble, aluminum, ebonite, etc. are the elements of which this building is composed. Pure new words! No architect would have thought of suchlike at the time the Länderbank was being built. Otto Wagner discovered them. Even if he did not invent these materials, it is he, nonetheless, who gave them their up-to-date significance by revealing their practical application for architecture.
Thus, at the same, Wagner has also discovered the decisive means of characterization which so clearly distinguishes his new work from his earlier creations. With its façade of marble and aluminum, the building is reminiscent of a huge safe covered over and over with nail heads – but, nonetheless, it is not lacking in monumentality and certainly not in characterization – its interior, its purpose, the inherent idea being so clearly and directly communicated to the outside."*)

153 Postsparkasse, Ecklösung. Schwarze Plattenverkleidung aus Glas und Kränzen aus Aluminium

*) Joseph August Lux, a. a. O., Seite 70 und 71.

154 Postsparkassenamt, perspektivischer Schnitt durch das Mittelrisalit, Wettbewerbsentwurf, 1903

Joseph August Lux, a proposito della Cassa di risparmio postale, osserva tra l'altro:

"È ovvio che si sia tentati di porre a confronto la Cassa di risparmio postale con l'edificio della Länderbank. A prima vista, queste due opere appartengono a due mondi diversi. Una rappresenta il XIX secolo, l'altra il XX.
Nella Cassa di risparmio postale nulla ricorda più il'libero Rinascimento'. Nessuna reminiscenza di stili storici, nessuna architettura di palazzo, nessuna monumentalità tratta dalla camera del tesoro della tradizione, ma tutto stile funzionale. In primo piano si pongono i problemi del materiale. Cemento armato, vetro, marmo, alluminio, ebanite, ecc., sono gli elementi da cui è composta l'opera. Soltanto parole nuove! Nessun architetto vi aveva pensato, all'epoca in cui fu costruita la Länderbank. Otto Wagner le ha scoperte. Anche se non ha inventato lui questi materiali, egli ha però conferito loro il significato attuale; egli ha scoperto la loro utilizzazione funzionale per l'architettura.
Con ciò, al tempo stesso, Wagner ha scoperto anche i mezzi decisivi della caratterizzazione che differenzia tanto la sua opera recente dalle sue precedenti creazioni. La facciata è in marmo ed alluminio, l'edificio è simile ad una gigantesca cassaforte interamente coperta di teste di chiodi, ma ciò malgrado non è privo di una certa monumentalità, e in nessun caso di una caratteristica peculiare, perché il suo interno, lo scopo che esso persegue, l'idea che esso sottende sono espressi così direttamente e chiaramente verso l'esterno

Joseph August Lux constate entre autres au sujet de la caisse d'épargne postale:

«La tentation est grande de comparer la caisse d'épargne postale au bâtiment de la Länderbank. A première vue, ils appartiennent à deux mondes différents. L'un des bâtiments représente le XIXème siècle, l'autre préfigure le XXème.
Aucun élément de la caisse d'épargne de la poste ne rappelle plus la «libre Renaissance». Aucune réminiscence de styles historiques, pas d'architecture de palais, aucun caractère monumental qui puiserait dans le trésor de la tradition – mais un pur style fonctionnel. Le choix des matériaux est essentiel. Béton armé, verre, marbre, aluminium, ébonite etc. sont les éléments qui constituent l'ouvrage. Rien que des termes nouveaux. Aucun architecte n'y aurait pensé à l'époque de la construction de la Länderbank. Otto Wagner les a découverts. Mais même s'il n'a pas inventé ces matériaux, il leur a cependant conféré leur importance actuelle; il a découvert leur utilité en architecture.
Il a ainsi trouvé également les éléments caractéristiques qui distinguent tant son œuvre la plus récente de l'ancienne. La façade est en marbre et en aluminium, l'ouvrage ressemble à un gigantesque coffre-fort entièrement recouvert de têtes de clous – il n'est cependant pas dépourvu de références au monumentalisme et encore moins de caractéristiques, car son intérieur, son objet, l'idée qu'il sous-tend sont si clairement incarnés».*)

155 Postsparkasse. 4,30 m hohe Eckakroterie aus Aluminium von Othmar Schimkowitz entworfen

156 Postsparkasse, Hauptportal. Glasdach mit Stützen aus Stahl mit Aluminium verkleidet

*) Joseph August Lux, a. a. O., Seite 70 und 71.

157 Postsparkassenamt, Blick von der Ringstraße, 1904/06

Über dieses Haus berichtete Ludwig Hevesi:

Eine Gruppe geladener Personen hatte gestern Gelegenheit, das nunmehr im Betriebe befindliche neue Postsparkassenge-bäude in allen Räumen zu besichtigen. Der Erbauer, Ober-baurat Otto Wagner, und der Direktor der Sparkasse, Sek-tionschef v. Schuster, waren so freundlich, als Führer und Er-läuterer zu dienen, wobei sie von einigen anderen Beamten der Anstalt unterstützt waren. Dieser Bau ist ein Markstein in der Geschichte des Wiener Zweck- und Amtsbaues und er-bringt den Beweis, daß das Heil auch für solche Bauten nicht bei den Baubureaus, sondern bei dem einzelnen, leistungs-fähigen und nach Bedarf erfinderischen Künstler liegt, dessen Talent das Ganze überlassen bleibt. Das Haus hat sich bereits in der Praxis glänzend bewährt, für den Dienst wie für das Publikum, unzufrieden sind höchstens einzelne weniger ak-kurate Elemente des Personals, die bei der im ganzen wie im einzelnen herrschenden Übersichtlichkeit dem Auge der Kontrolle keinen Augenblick entgehen können.

Ein monumentaler Zweckbau – das merkt schon der von au-ßen Herankommende – ist in diesen schief und schräg lau-fenden Gassen entstanden, die er geschickt benutzt, um sich mit seinem bedeutend ausgestalteten Mittelrisalit auch nach der Ringstraße hin anzumelden. Die beiden säulenhaft ra-genden Dachfiguren (von Schimkowitz, 4,30 m hoch, in Alu-miniumguß, der für diesen Maßstab neu ist) schauen weit hinaus auf den Ringverkehr. Otto Wagner ist es ganz recht so; in die engen Gassen, die tote Gegend, gehören die arbeiten-den Zentren hinein, in die breiten Straßen der belebten Ge-gend der Verkehr. Die Formen des Aufbaues sind natürlich durchaus modern. Nichts von Schulbuchdetail, aber auch nichts vom Kuriositätenstil, den das große Publikum unter „secessionistisch" versteht. Anders als das andere ist es doch. Bedeutend ist schon die Wirkung des edlen Materials, das man sich trotz der Sparsamkeit eines Bloßdreimillionenbaues gönnen durfte. Und mußte, denn es schließt Beschmutzung, Reparaturen und somit nachträgliche Kosten aus. Die ganzen Fassaden sind mit viereckigen Platten von weißem Sterzinger Marmor, oben von weißem, in der Attika umrahmungsweise auch von schwarzem Glas bedeckt. Bei der Raschheit, mit der zu bauen war, konnte man das Haften von selbst nicht abwarten, sondern nagelte die Platten auf. Diese 17.000 Nä-gel (zu 50 Heller) aus Eisen, aber für den Marmor mit Blei verkleidet, um die Rostflecken zu vermeiden, und die Knöpfe mit Aluminium überzogen und poliert, sind zugleich ein ori-gineller, von der Notwendigkeit eingegebener Schmuck der

Wandflächen. Das Aluminium ist überhaupt das herrschende sichtbare Metall im Hause. Es dient auch für die 800 Tür-schnallen nebst Beschlägen, und da es nicht oxydiert, also nicht geputzt zu werden braucht, wird es nachgerade zur Wohltat. In diesem metallischen Silbergrau schimmern auch die hallentragenden Pfeiler und die Reihen runder Heizkör-per des glasgedeckten Kassensaales, die Heizungsgitter der Säle und die Beleuchtungskörper. Das stimmt zu dem toni-gen Weiß des ganzen Baues, zu einer weißlichen Harmonie der Säle, die auch durch Belag der unteren Wandflächen mit Glastafeln nicht gestört wird, eine Maßregel, die das sonst unvermeidliche Bekritzeln der Wände verhütet. Um hier zu kritzeln, müßte Publikus rein schon Diamanten verwenden. Es kommt übrigens dabei auch wirklicher Kolorismus ins Spiel; wenn man will, etwas Symbolismus der Farbe. Die Empfangszimmer des Sektionschefs und des Hofrats sind grün, ihre Amtszimmer rot. Wer aus dem vielen Weiß da hineintritt, erhält sofort einen sozusagen „moralischen" Schock und nimmt sich gewissermaßen zusammen (…)

Wir gingen dann in den Kassensaal, der eigentlich ein glasge-deckter Hofraum ist. Dieses Glasdach wird wohl den ande-ren Glasdächern Wiens, die meist so aufs Durchregnen und Schneefesthalten eingerichtet sind, allerlei Nützliches leh-ren. Es hat sogar eine eigene Heizung, die Schnee und Eis schmilzt und zu flottem Abfließen bringt. Auch im Kassen-saale herrscht die größte Einfachheit (…)

Man kann da trefflich im Gehen herumschauen, denn das Stolpern ist ausgeschlossen. Selbst ein Linoleumbelag, der doch eigens zur Beförderung des Stolperns erfunden wurde, wird unmerklich, da er um seine ganze Dicke in den Boden versenkt ist.

Einer der schönsten Säle ist der Bibliotheks- und Sitzungssaal. Er ist weiß, mit grünlichgrauem Holzwerk, dem auch der Bezug des Tisches entspricht. Der „grüne" Tisch ist hier eben von anderer Farbe. Gute leichte Sessel mit halbkreisförmigen Lehnen, mit Aluminiumbeschlägen, allerdings mehr zum Sitzen als zum Schlafen tauglich (…)

Man kann gut zwei Stunden in anregender Weise mit dieser Besichtigung ausfüllen. Man sieht und hört eine Menge Neues und verläßt dieses jüngste öffentliche Gebäude mit den Eindruck, daß die moderne Baukunst in Wien hier auf praktischem Gebiete einen großen Erfolg errungen hat, der jedenfalls auch für die Zukunft maßgebend sein muß.*)

---

*) Aus: Ludwig Hevesi, Der Neubau der Postsparkasse; Altkunst – Neukunst; Der Neubau der Postsparkasse; a. a. O., Seite 245–248.

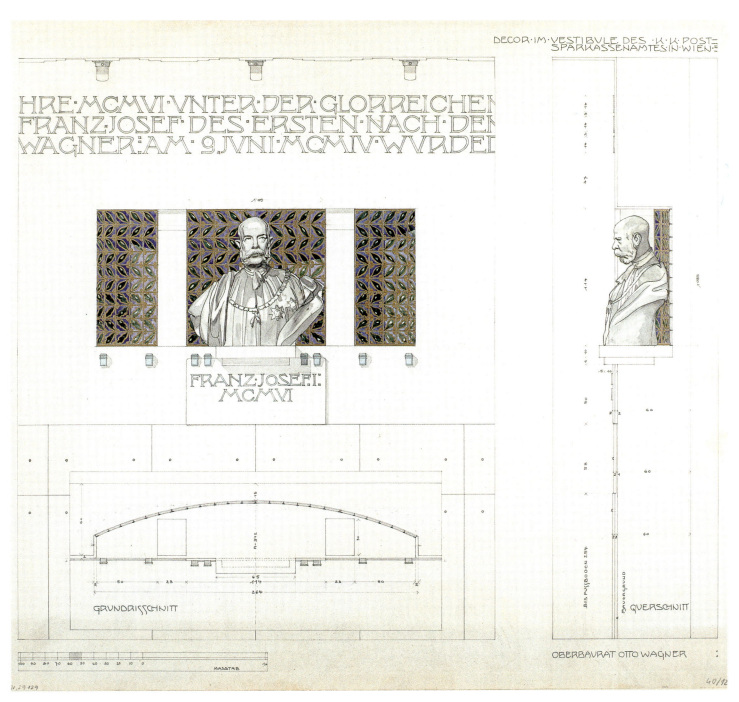

HRE·MCMVI·VNTER·DER·GLORREICHE
FRANZ·JOSEF·DES·ERSTEN·NACH·DE
WAGNER·AM·9·JVNI·MCMIV·WVRDE

FRANZ·JOSEF·I·
MCMVI

GRVNDRISSCHNITT

QVERSCHNITT

MASSTAB

OBERBAVRAT OTTO WAGNER

158 Entwurf für die Dekoration des Vestibüls der Postsparkasse, 1903

Ludwig Hevesi reports the following on this house:

A group of invited guests yesterday had the opportunity to view all the rooms of the new Postsparkasse building, which is now in operation. The building's architect, Oberbaurat Otto Wagner, and the director of the Sparkasse, Sektionschef v. Schuster, were kind enough to act as guides, explaining the building to the guests, and they were assisted in this task by several other officials of the institute. This building is truly a landmark in the history of Vienna's functional and administration buildings and it serves as proof that the welfare of such buildings is not to be placed into the hands of building bureaus, but rather into the hands of individual, capable, talented artists who, if need be, are not lacking in inventiveness. In day to day use, this building has already proven to be quite a success, both with regards to business as well as with clients; the only persons who seem to be dissatisfied are those less than scrupulous personnel members who, on account of the order and clarity prevalent throughout the entire building, now cannot escape the controlling eye for even a moment. Anyone approaching the building from the outside will immediately take note that a monumental functional building has been errected on these angular, crooked streets, which Wagner skillfully utilizes to direct the superbly decorated main projecting face towards the Ringstrasse. The two pillar-like figures crowning the roof (by Schimkowitz, 4.30 m high, cast in aluminum, something that has never been done before on this scale) look down onto traffic on the Ringstrasse. This is the way Otto Wagner wanted it: work centers belong in the narrow streets of the city's drab areas, and traffic belongs on the wide streets of the city's lively sections. The structure's forms are, of course, thoroughly modern. No trace of textbook details, and also nothing of the curious style known to the public as "secessionistic". Yet, it is different. The effect achieved through the noble building materials, which were permitted in spite of economic considerations (the building was erected at a cost of only three million Kronen), is in itself spectacular. But then again, it was necessary to use these materials, because they later will eliminate additional costs due to soiling and repairwork. All the façades are faced with rectangular sheets of white Sterzing marble, the top is covered with white glass, and the attic is also framed with black glass. Because the building had to be errected within such a short period of time, it was not possible to wait for the plates to adhere by themselves, and thus they were nailed on. These 17 000 iron nails (costing 50 Hellers a piece) were covered with lead to prevent rust spots on the marble, and their heads were coated with aluminum and polished. Thus, out of necessity, a unique decoration was simultaneously created for the wall surface. In fact, aluminum is the dominant metal visible throughout the entire building. It is used for the 800 door handles and fixtures, and because it does not oxidize and thus does not need to be cleaned, this is a true blessing. The pillars supporting the hall, the rows of round heaters in the glass-roofed main counter hall, the heating grids in the halls, and the lamps: everything shimmers in the metallic, silvery-grey color of aluminum. This goes well with the building's earthen white color, creating a whitish harmony in the halls – a harmony which is not disturbed even by the sheets of glass mounted on the lower wall surfaces to prevent people from scribbling on them. To scribble here, the public will have to use diamonds. By the way, color certainly does play a role here: there is, so to speak, a certain color symbolism. The reception rooms of the department head and the Hofrat are green, their respective offices are red. A person entering these rooms, after having been exposed to so much white, immediately receives a kind of "moral" shock and somehow feels he must pull himself to-gether. (...)

We then went into the main counter hall, which actually is a courtyard space which has been roofed with glass. This glass roof will surely serve as a useful example for all the other glass roofs in Vienna, most of which are constructed in such a way as to allow rain to leak through and snow to accumulate on top of them. But this roof even has its own heating, allowing snow and ice to melt and swiftly flow away. Utmost simplicity is also dominant in the main counter hall (...)

You can comfortably look around while walking because it is impossible to stumble. You hardly even feel the linoleum, which, as the reader surely knows, was specially invented to promote stumbling, because it was sunken into the floor by its entire breadth.

One of the most beautiful rooms is the library and conference hall. It is white with woodwork of a greenish-grey color, which also corresponds to the covering on the table. This "green" table here simply has a diffent color. Fine lightweight chairs with semicircular backrests and aluminum fittings, which, however, seem to be better suited for sitting than for sleeping (...)

Two stimulating hours can be spent touring this building and many new things can be seen and heard. One leaves this newest public building with the impression that Vienna has just achieved a triumphant success in the field of practical modern architecture, a success that will surely set new standards for the future.*)

*) Aus: Ludwig Hevesi, Der Neubau der Postsparkasse; Altkunst – Neukunst; Der Neubau der Postsparkasse; a. a. O., Seite 245–248.

159 Postsparkasse, Vestibül mit Treppe zum Schaltersaal, Büste Kaiser Franz Josef I., von Richard Luksch entworfen

160 Postsparkasse, Türen im großen Schaltersaal

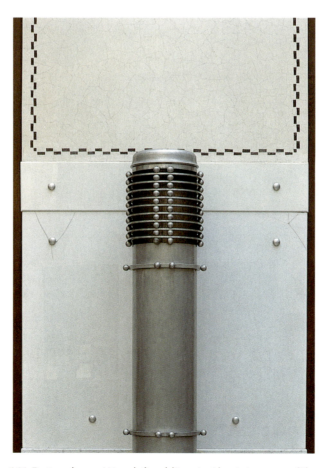

161 Postsparkasse, Warmluftausbläser in Aluminium ausgeführt

160

162 Postsparkasse, großen Schaltersaal. Glasdach mit Seilen an seitlichen Stützen aufgehängt, Boden mit Glasziegeln ausgelegt

163 Postsparkasse, Direktionsstiege

164 Postsparkasse, Direktionsstiege. Polster der Marmorbank,
mit rotem Velour bezogen und mit Gurten befestigt

165 Postsparkasse, Direktionsvorzimmer. Blick auf das Glasdach des Schaltersaales

A proposito di questo edificio, Ludwig Hevesi ha riferito:

*"Un gruppo di invitati ha avuto ieri la possibilità di visitare tutti gli ambienti del nuovo edificio della Cassa di risparmio postale, già entrata in funzione. Il costruttore, Oberbaurat Otto Wagner, e il direttore della Cassa di risparmio, Caposezione von Schuster, hanno avuto l'amabilità di fare da guida ai visitatori e di fornire tutte le spiegazioni desiderate, aiutati in questo da alcuni funzionari dell'istituto. Questa costruzione è una pietra miliare nella storia dell'edilizia funzionale e amministrativa di Vienna e fornisce la prova che la giusta soluzione, anche per tali edifici, non risiede negli studi degli architetti ma nel singolo artista, efficiente e all'occorrenza ingegnoso, al cui talento rimane affidato il tutto. Questo edificio si è già dimostrato perfettamente funzionale, sia per il servizio, sia per il pubblico; scontenti sono tutt'al più alcuni impiegati poco scrupolosi, che, data la trasparenza che domina nell'insieme e nei particolari, non possono sottrarsi neppure per un attimo ad un vigile controllo. Un monumentale edificio funzionale – come può già notare chi arriva dall'esterno – è sorto in queste stradine tortuose ed oblique, che esso utilizza abilmente per presentarsi con il suo imponente avancorpo mediano anche verso la Ringstrasse. Le due figure sul tetto, che emergono a guisa di colonne (opera di Schimkowitz, alte 4,30 m, in getto d'alluminio, che in queste dimensioni rappresenta una novità) osservano da lontano il traffico della Ringstrasse. Per Otto Wagner è perfettamente giusto così: nelle strette viuzze, nella zona morta vanno collocati i centri operativi, nelle larghe strade della zona animata pulsa la circolazione. Le forme dell'edificio sono naturalmente del tutto moderne. Nessuna traccia di particolari consacrati dai libri di testo, ma neppure nulla di quello stile curioso che il grande pubblico intende per "secessionista". Diverso dagli altri, però, lo è. Significativo è già l'effetto del materiale pregiato che ci si è potuto permettere nonostante l'economia di una costruzione da solo tre milioni. E lo si doveva utilizzare, in quanto tale materiale esclude la formazione di sporco, le riparazioni e, di conseguenza, i costi addizionali. Tutte le facciate sono rivestite di lastre quadrangolari di marmo bianco di Vipiteno, ricoperte nella parte superiore da vetro bianco, tutt'intorno all'attico anche da vetro nero. A motivo dei tempi brevi prescritti per la costruzione, non era possibile aspettare che le lastre venissero fissate tramite autoadesione, ma fu necessario fissarle con chiodi. Questi 17.000 chiodi (da 50 Heller = centesimi), in ferro, ma rivestiti di piombo per evitare macchie di ruggine sul marmo, e le teste ricoperte d'alluminio e levigate, costituiscono al tempo stesso un'originale decorazione delle pareti, indotta dalla necessità. L'alluminio è in assoluto il predominante metallo visibile nell'edificio. Esso è utilizzato anche per le 800 maniglie delle porte e le relative bandelle, e dato che non si ossida e quindi non è necessario lucidarlo, è una vera e propria benedizione. In questo colore metallico grigio-argento risplendono anche i pilastri di supporto della sala e le file di radiatori rotondi della sala sportelli ricoperta in vetro, le griglie dei caloriferi delle sale e le lampade. Tutto questo si intona con il bianco argilloso dell'intero edificio, con l'armonia biancastra delle sale, che non è perturbata dal fatto che le parti inferiori dei muri sono protette da pannelli di vetro, una misura adottata per evitare che i muri stessi siano inevitabilmente deturpati da scarabocchi. Per scarabocchiare queste pareti, la gente dovrebbe usare una punta di diamante. Entra qui in gioco anche un vero e proprio colorismo o, se si preferisce, un certo simbolismo del colore. Le sale di ricevimento del Caposezione e dell'Hofrat sono in colore verde, i loro uffici in rosso. Chi entra in questi ambienti provenendo da tanto biancore riceve immediatamente uno choc per così dire "morale" e in certo qual modo si domina. (...)
Ci siamo poi recati nella sala degli sportelli, che in realtà è un cortile coperto da un tetto di vetro. Questo tetto rappresenterà un utile insegnamento per gli altri tetti in vetro di Vienna, che di solito sono costruiti in modo da consentire la penetrazione della pioggia e da tenere ferma la neve. Questo tetto in vetro è addirittura dotato di un proprio impianto di riscaldamento che fa fondere la neve e il ghiaccio, facendoli defluire rapidamente. Anche nella sala degli sportelli predomina la massima semplicità. (...)
Si può tranquillamente camminare guardandosi attorno, perché è impossibile inciampare. Non si avverte neppure la presenza di una copertura del pavimento in linoleum, che di solito pare proprio essere stato inventato per fare inciampare, perché qui esso è incassato in tutto il suo spessore nel pavimento. (...)
Uno degli ambienti più belli è la sala della biblioteca e delle riunioni. Essa è in colore bianco, con pannellature verdognole intonate anche al rivestimento del tavolo. Il "tavolo verde" è qui di una tonalità diversa. Funzionali poltroncine leggere, con schienali semicircolari e guarnizioni in alluminio, per la verità più idonee per stare seduti che per dormire. (...)
A questa visita si possono dedicare due ore buone, con stimolante interesse. Si vedono e si ascoltano tante novità e si esce da questo nuovissimo edificio pubblico con l'impressione che l'architettura moderna, a Vienna, ha qui riportato un grande successo sul piano pratico, che in ogni caso deve porre parametri decisivi anche per il futuro."*)*

166 Postsparkasse, Büro des Direktionsstellvertreters. Wanduhr, gebeiztes Buchenholz. Armlehnsessel, gebeiztes Buchenholz und Aluminium

*) Aus: Ludwig Hevesi, Der Neubau der Postsparkasse; Altkunst – Neukunst; Der Neubau der Postsparkasse; a. a. O., Seite 245–248.

167 Postsparkasse, Büro des Direktionsstellvertreters. Tisch und Sitzbank gebeiztes Buchenholz und Aluminium

168 Postsparkasse, Büro des Direktionsstellvertreters. Schreibtisch gebeiztes Buchenholz, Schreibplatte mit Tuch überzogen

L. Hevesi a écrit un commentaire à propos de cette maison:

«Un groupe d'invités a eu la possibilité de visiter, hier, toutes les pièces du nouveau bâtiment de la caisse d'épargne postale désormais en service. L'architecte, Oberbaurat Otto Wagner, et le directeur de la caisse d'épargne, le chef de section v. Schuster, ont eu l'amabilité de guider les visiteurs et de leur fournir toutes les explications souhaitées, aidés en cela par quelques autres employés de la poste. Ce bâtiment marque une date dans l'histoire de la construction fonctionnelle et administrative viennoise et prouve que, même pour de tels bâtiments, la solution ne vient pas des bureaux d'architectes, mais d'un artiste seul, compétent et ingénieux au talent duquel les maîtres d'ouvrage confient l'ensemble du projet. L'édifice a déjà brillamment prouvé sa fonctionnalité, pour le service et le public; seuls quelques employés un peu moins consciencieux ne sont pas satisfaits parce que la visibilité des pièces ne leur permet pas d'échapper un instant à la surveillance.
Un bâtiment fonctionnel monumental – comme vous pouvez le constater déjà en arrivant de l'extérieur – a été édifié dans ces ruelles en pente et obliques dont il tire parfaitement profit pour s'imposer également vers la Ringstraße grâce à son important ressaut médian. Les deux statues du toit en forme de colonnes (sculptées par Schimkowitz, de 4,30 m de haut, en fonte d'aluminium, un alliage jamais utilisé pour ces dimensions) observent de loin le trafic du Ring. C'était l'idée d'Otto Wagner: regrouper les zones d'activité dans les ruelles étroites, les quartiers «morts» et réserver les larges avenues de la zone animée à la circulation. Les formes de la construction sont bien sûr absolument modernes. Rien d'académique, mais rien non plus d'un style osé que le grand public appelle «sécessionniste». Ce bâtiment se distingue cependant des autres. La noblesse du matériau que l'architecte a quand même pu utiliser malgré les mesures d'économie qui l'ont obligé à construire un bâtiment de trois millions seulement, lui confère déjà un caractère particulier. Et il devait utiliser ce matériau, car il exclut les salissures, les réparations et donc les coûts ultérieurs. L'ensemble des façades est couvert par des plaques rectangulaires en marbre blanc, couvert de verre blanc et encadré de verre noir dans l'attique. En raison des délais de construction très courts, il n'a pas été possible d'attendre que les plaques adhèrent d'elles-mêmes; elles ont donc été clouées. Ces 17.000 clous (à 50 deniers) en fer – mais recouverts de plomb pour le marbre, afin d'éviter les traces de rouille, et les boutons revêtus d'aluminium et polis, constituent une décoration des murs imposée par la nécessité. L'aluminium est le métal le plus visible du bâtiment. Il est également utilisé pour les 800 boucles de portes et les ferrures; comme il ne rouille pas et qu'il n'a donc pas à être nettoyé, c'est une véritable bénédiction. De ce gris argenté métallique se détachent également les piliers du hall et les rangées de radiateurs ronds de la salle des guichets couverte de verre, les grilles de chauffage des salles et les luminaires. Ils s'intègrent parfaitement dans le blanc tonique de l'ensemble du bâtiment pour créer une blanche harmonie des salles que ne perturbe pas non plus le revêtement inférieur en panneaux de verre des murs, une solution qui empêche les habituels graffitis. Pour salir les murs de graffitis, le public devrait utiliser des diamants. Mais le colorisme, ou si l'on préfère un certain symbolisme des couleurs, ajoute une note esthétique à ce fonctionnalisme. Les salons d'accueil du «Sektionschef» et du «Hofrat» sont verts, leurs bureaux sont rouges. Si vous venez de cette zone toute blanche, vous éprouvez un choc «moral» qui vous stimule (...)
Nous avons pénétré ensuite dans la salle des guichets, en réalité une cour couverte de verre. Les autres toits de Vienne, conçus pour résister à la pluie et à la neige, devront s'inspirer de ce toit. Il dispose même de son propre chauffage qui fait fondre la neige et la glace et les évacue rapidement. La salle des guichets affiche la même simplicité (...)
Vous pouvez déambuler dans la salle en regardant autour de vous, aucun risque de trébucher. Même le revêtement en linoléum, pourtant inventé un jour pour vous faire trébucher, sait se faire oublier, car il est noyé dans le sol sur toute son épaisseur. (...)
La salle de la bibliothèque et des réunions est certainement la plus belle. Elle est blanche, agrémentée de boiseries verdâtres auxquelles se marie également le revêtement de la table. La table «verte» tranche par sa couleur. Des sièges légers à dossiers arrondis, aux ferrures en aluminium, sont mieux conçus pour la position assise que pour le sommeil. (...)
Cette visite vous occupera agréablement pendant au moins deux heures. Vous verrez et vous entendrez tant de nouveautés et vous quitterez ce dernier né des bâtiments publics avec l'impression que l'architecture moderne remporte ici, à Vienne, un grand succès dans le domaine pratique qui posera obligatoirement des jalons pour l'avenir.»*)

169 Postsparkasse, Armlehnsessel im Direktionsbereich. Gebeiztes Buchenholz und Aluminium

*) Aus: Ludwig Hevesi, Der Neubau der Postsparkasse; Altkunst – Neukunst; Der Neubau der Postsparkasse; a. a. O., Seite 245–248.

170 Postsparkasse, Vorraum des Direktors (das "Sonnenblumenzimmer"), textile Wanddekoration

171 Postsparkasse, Zimmer des Direktors, Vertäfelung aus Mahagoniholz

172 Postsparkasse, Zimmer des Direktors. Kasten der Wanduhr und Vertäfelung aus Mahagoniholz

173 Postsparkasse, Sitzungssaal. Bildnis des Kaisers Franz Josef I. von Wilhelm List

174 Postsparkasse, Sitzungssaal. Bücherkasten, gebeiztes Buchenholz und Aluminiumbeschlag

169

175 Postsparkasse, Beamtenstiege

176 Postsparkasse, Beamtenstiege

170

177 Postsparkasse, Kassensaal für den Effektenverkehr im Hochparterre

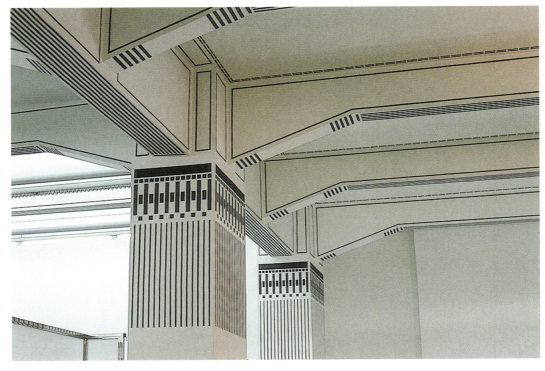

178 Postsparkasse, Kassensaal für den Effektenverkehr. Schablonenbemalte Säulen und Decke

179 Postsparkasse, Blick vom Gang auf die kleine Beamtenstiege

172

180 Postsparkasse, kleine Beamtenstiege

Die zweite Villa Wagner, 1912/13
Hüttelbergstraße 28

Im Jahre 1912 baut Otto Wagner dieses Haus für seine zweite Frau. Es entsteht auf dem Nachbargrundstück der ersten Villa, 25 Jahre nach deren Bau.
Im Gegensatz zur ersten ist die zweite Villa Wagner ein nüchterner kubischer Bau. Lediglich die dekorative Gestaltung der Eingangspartie mit einem Glasmosaik von Leopold Forstner unterbricht die sachliche Fassade.

Wagner schreibt über sie:

„Hier handelt es sich um ein ganz einfaches Einfamilienhaus für den Sommerbedarf.
Bei der Grundrißlösung waren vor allem maßgebend, das Verlangen von starker Lichtzuführung in die Räume, die zweckliche und individuelle Anordnung derselben, Einfachheit und Dauerhaftigkeit der Ausführung, Verwendung von jenen Materialien, welche uns die Industrie der letzten Zeit an die Hand gegeben (Edelputz, Glasplatten und Marmordekor, Metallbeton, Asphalt, Eternit, Glasmosaik, Aluminium Magnalium etc.).
Alle diese Dinge müssen jedes Bauwerk in Bezug auf Formgebung und künstlerische Durchbildung intensiv beeinflussen."*

The Second Villa Wagner, 1912/13
Hüttelbergstrasse 28

Wagner built this house in the year 1912 for his second wife. It was erected on a plot adjacent to his first villa. The two buildings are separated by roughly a quarter of a century.
In contrast the first villa, the second Villa Wagner is a plain, cubic structure. Its simple facade is interrupted only by the decorative design of the main entrance area with its glass mosaic by Leopold Forstner.

Wagner writes about this villa:

"This is a very simple single-family house for summertime use. The main concerns in planning this building were: light-filled rooms, the functional and individual arrangement of these rooms, simplicity and durability of workmanship, the use of those materials that industry has provided in recent years (special plaster, plate glass and decorative marble, metal concrete, asphalt, asbestos, glass mosaic, aluminum, magnalium, etc.).
All these things must have an intensive influence on any building with regard to its form and artistic design."*

La seconda Villa Wagner, 1912/13
Hüttelbergstrasse 28

Nel 1912 Otto Wagner costruisce questa casa per la sua seconda moglie. L'edificio sorge sul terreno adiacente alla prima villa, 25 anni dopo la costruzione di quest'ultima.
A differenza della prima, la seconda Villa Wagner è un sobrio edificio cubico. Solo la configurazione decorativa della zona d'ingresso, con un mosaico in vetro di Leopold Forstner, interrompe la funzionale facciata.

A proposito di questa villa, Wagner scrive:

"Si tratta di una casa unifamiliare molto semplice, per l'estate. I fattori determinanti per quanto riguarda la pianta sono stati soprattutto l'esigenza di fare penetrare molta luce negli ambienti, la loro disposizione funzionale e individuale, la semplicità e la durevolezza della realizzazione e l'impiego di quei materiali che l'industria moderna mette a nostra disposizione (intonaco di rifinitura, pannelli di vetro e decorazione di marmo, cemento armato, asfalto, eternit, mosaico di vetro, alluminio, magnalio, ecc.).
Tutte queste cose devono influire fortemente su ogni costruzione in rapporto alla forma ed alla configurazione artistica."*

La seconde villa Wagner, 1912/13
Hüttelbergstrasse 28

Otto Wagner construit cette maison en 1912 pour sa seconde femme. Elle est édifiée sur le terrain voisin de la première villa, 25 ans après la construction de cette dernière.
Contrairement à la première, la seconde villa de Wagner est un bâtiment cubique sobre. Seule la conception décorative de l'entrée avec une mosaïque de Leopold Forstner interrompt la façade fonctionnelle.

Wagner écrit à son sujet:

«Il s'agit d'une maison individuelle toute simple destinée à l'utilisation estivale.
Le plan d'ensemble était essentiellement conditionné par le désir de faire pénétrer un maximum de lumière dans les pièces, par leur disposition fonctionnelle et individuelle, la simplicité et la durabilité de la réalisation, par l'utilisation des matériaux que l'industrie moderne nous fournit (parement de plâtre, plaques de verre et décor de marbre, béton armé, asphalte, Eternit, mosaïque de verre, aluminium, magnalium etc.).
Toutes ces choses doivent influencer fortement la forme et la conception artistique de tout ouvrage».*

---

*) Aus: Villa, XIII. Bezirk, Hüttelberg-Straße 28, in: Otto Wagner, a. a. O.

181 Projekt eines Wohnhauses für Herrn und Frau W. im XIII. Bezirk, Perspektive, 1905

182 Eingangstür der Villa Wagner, Aufriß und Schnitt, 1912

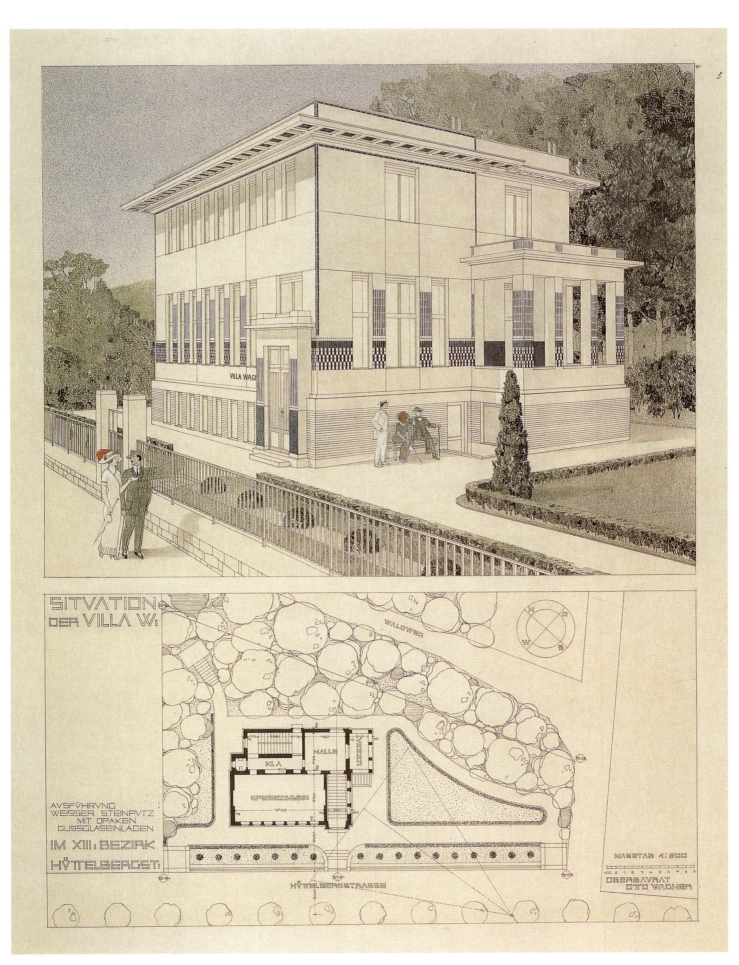

183 Villa Wagner, Perspektive und Situation

184 Villa Wagner, Hüttelbergstraße 28, 1912/13

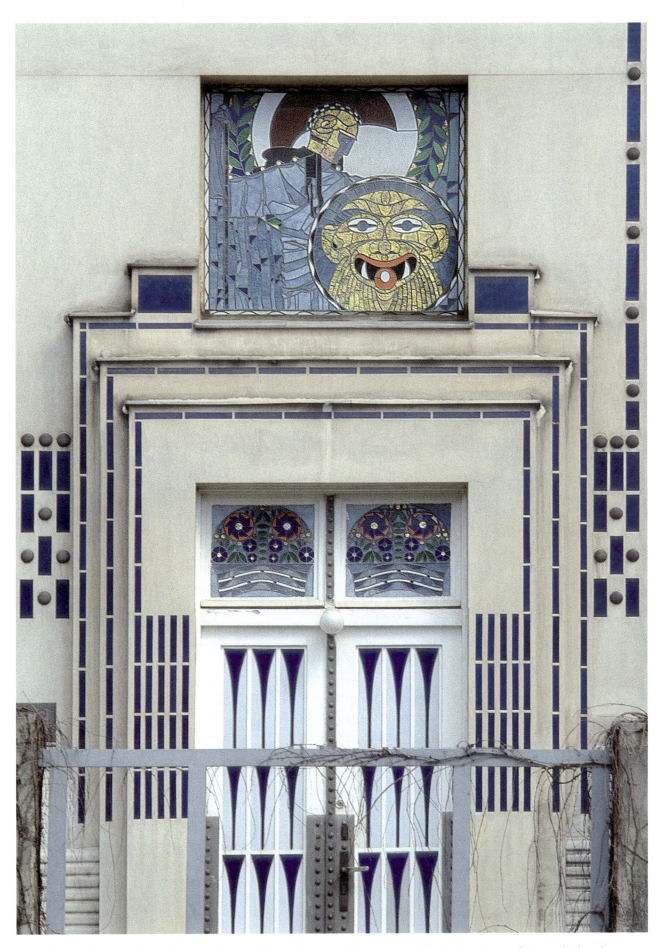

185 Villa Wagner. Tür mit Aluminium beschlagen. Glasmosaiken von Leopold Forstner. Das große Mosaik über der Tür stellt Athene mit dem Gorgonenhaupt im Schild dar.

179

186 Miethaus Döblergasse 4, Fassade

Das Miethaus Döblergasse 4, 1912
(neben dem Haus Neustiftgasse 40)

Im Nachbarbezirk der repräsentativen Häuser an der Linken Wienzeile baut Wagner dieses mit einer schlicht gegliederten Putzfassade ausgestattete Wohnhaus. Zehn Millimeter starke Glasplatten, die in den Weißputz eingelassen sind, bilden den bescheidenen Schmuck. Im Inneren sind es wieder – wie bei seinen früheren Bauten – flache Stiegen, die das Steigen erleichtern. Streifenmuster an der Decke und im Fußboden betonen die Bewegungsrichtung.
In diesem Hause hatte Otto Wagner seine letzte Arbeitsstätte. Nicht weit von ihr, in der angrenzenden Wohnung, starb er am 11. April 1918.

La casa d'affitto nella Döblergasse 4, 1912
(accanto alla casa nella Neustiftgasse 40)

Nel distretto attiguo alle case rappresentative nella Linke Wienzeile, Wagner costruì questa casa d'affitto con una facciata in intonaco articolata con semplicità. Pannelli di vetro dello spessore di 10 mm, incastonati nell'intonaco bianco, ne costituiscono la modesta decorazione. Nell'interno si ritrovano, come nelle sue opere della prima ora, gradini bassi, che facilitano la salita. Disegni a strisce nel soffitto e sul pavimento evidenziano le direzioni da prendere.
In questa casa Otto Wagner ebbe il suo ultimo studio e morì non lontano da qui, nell'appartamento attiguo, l'11 aprile 1918.

The Apartment building Döblergasse 4, 1912
(next to the building Neustiftgasse 40)

Wagner built this apartment building, with its simply organized plaster facade, in the district neighboring the representative buildings in the Linke Wienzeile. Ten millimeter thick glass plates, which are let in the lime plaster, form the building's modest decoration. Like in Wagner's earlier buildings, the interior has flat steps to facilitate stair climbing. Stripes on the ceiling and on the floor emphasise the direction of movement.
This is the house in which Otto Wagner had his last workplace. Not far from it, in the adjoining apartment, he died on April 11, 1918.

La maison de rapport de la Döblergasse 4, 1912
(à côté de la maison de la Neustiftgasse 40)

Dans le district voisin des maisons représentatives de la Linke Wienzeile, Wagner construit cette maison d'habitation avec une façade en parement, à l'ordonnance simple. Des plaques de verre de 10 mm d'épaisseur incrustées dans l'enduit blanc forment sa modeste décoration. A l'intérieur on retrouve, comme dans ses premiers bâtiments, des marches planes qui facilitent la montée des escaliers. Des motifs à rayures au plafond et au plancher soulignent les sens de déplacement.
Cette maison fut le dernier chantier d'Otto Wagner. Il est décédé non loin de là, dans l'appartement voisin, le 11 avril 1918.

187 Miethaus Döblergasse 4, Vestibül. Wandverkleidung Marmor, Türbeschlag Aluminium

188 Miethaus Döblergasse 4, Stiegenhaus

189 Miethaus Döblergasse 4, Stiegenhaus, Detail

190 Miethaus Döblergasse 4, Wohnung Wagner. Buffet, amerikanisches Nußwurzelholz, Messingbeschläge, 1912, Speisezimmer

191 Miethaus Döblergasse 4, Wohnung Wagner. Vitrinenschrank, amerikanisches Nußwurzelholz, Messingbeschläge und Glas, 1912, Speisezimmer. Hinterglasbilder von Hans Strohofer

192 Miethaus Döblergasse 4, Wohnung Wagner. Armlehnsessel im Badezimmer, 1912; Handtuch mit Initialen Luise Wagners

NEUSTIFT GASSE 40

ZINSHAUS · WIEN · VI · NEUSTIFTG · 40 ·

OBERBAURAT · OTTO · WAGNER ·

193 Miethaus Neustiftgasse 40, Perspektive (erbaut 1909/10)

Projekte die von Otto Wagner nicht realisiert wurden

Progetti mai realizzati di Otto Wagner

Projects by Otto Wagner that were never realized

Projets non réalisés d' Otto Wagner

194 Dom zu Berlin, Perspektive, Projekt 1890/91

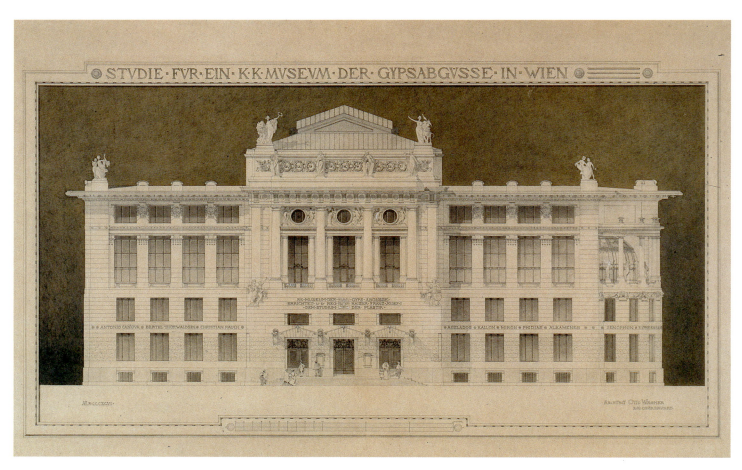

195 Museum der Gipsabgüsse, Aufriss der Eingangsfront, Projekt, 1896

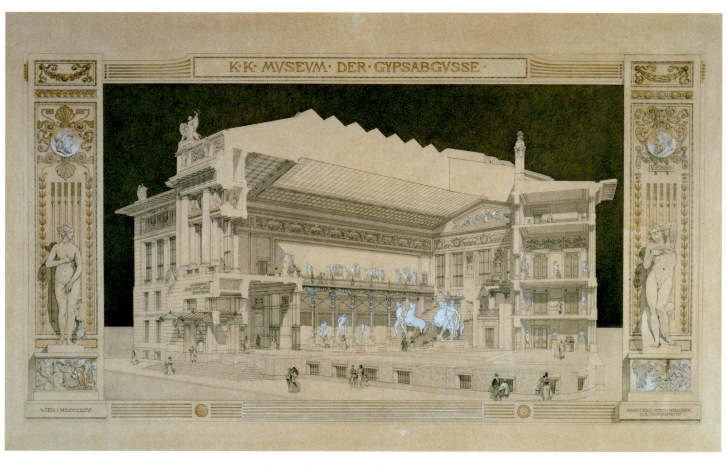

196 Museum der Gipsabgüsse, perspektivischer Schnitt, Projekt, 1896

197 Projekt für den Neubau der K.K. Akademie der bildenden Künste, Mittelbau der Gesamtanlage, 1897/98

198 Akademie der bildenden Künste. Ehrenhalle, Museum der Gipsabdrücke, Schule der Baukunst, Aufriß, Projekt, 1897/98

199 Studie für den Neubau der K.K. Akademie der bildenden Künste. Schnitt durch die Ehrenhalle und die Aula, 1897/98

200 Ausbau der Hofburg, Heldenplatz, Museumstrakt anstelle der Hofstallungen, Aufriß, Projekt, 1898

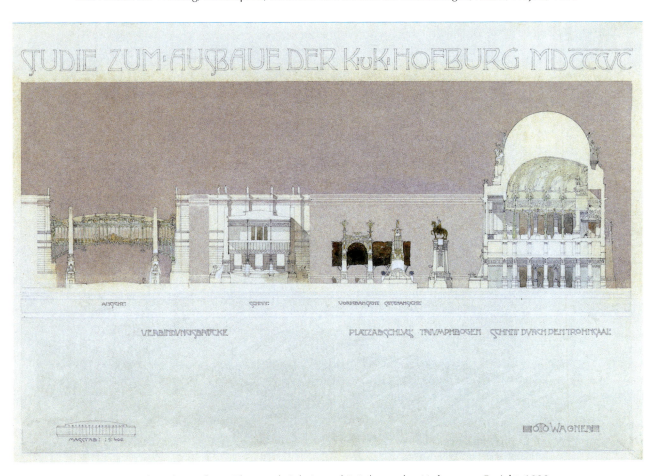

201 Ausbau der Hofburg, Thronsaal, Schnitt und Brücke zu den Hofmuseen, Projekt, 1898

202 Stadtbahn-Haltestelle Brigittabrücke, Entwurf, 1898 (Detail)

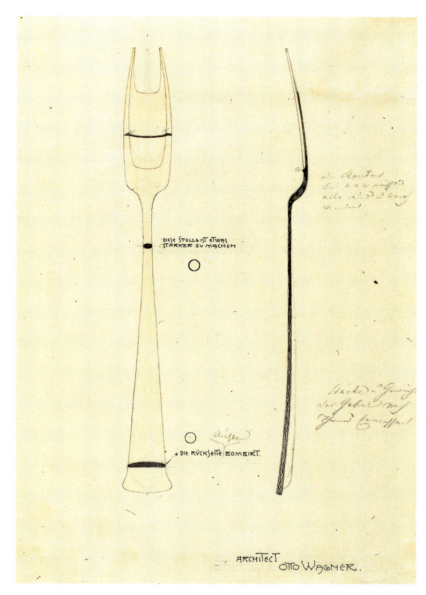

203 Entwurf einer Gabel, 1900

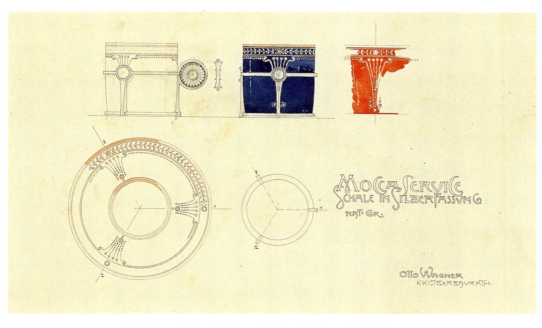

204 Entwurf für ein Mocca-Service, Schale mit Silberfassung

205 "Galerie für Werke der Kunst unserer Zeit", Projekt, 1900

206 Entwurf zu einer "Galerie für Werke der Kunst unserer Zeit", Aufriß der Fassade, 1900

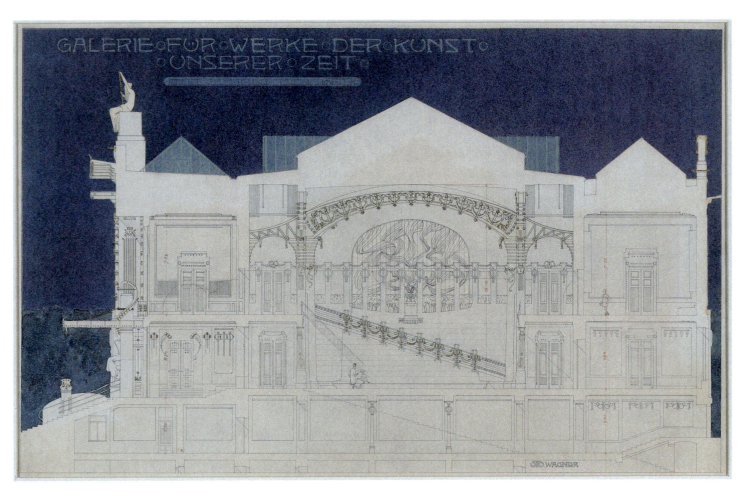

207 Entwurf zu einer "Galerie für Werke der Kunst unserer Zeit", Querschnitt, 1900

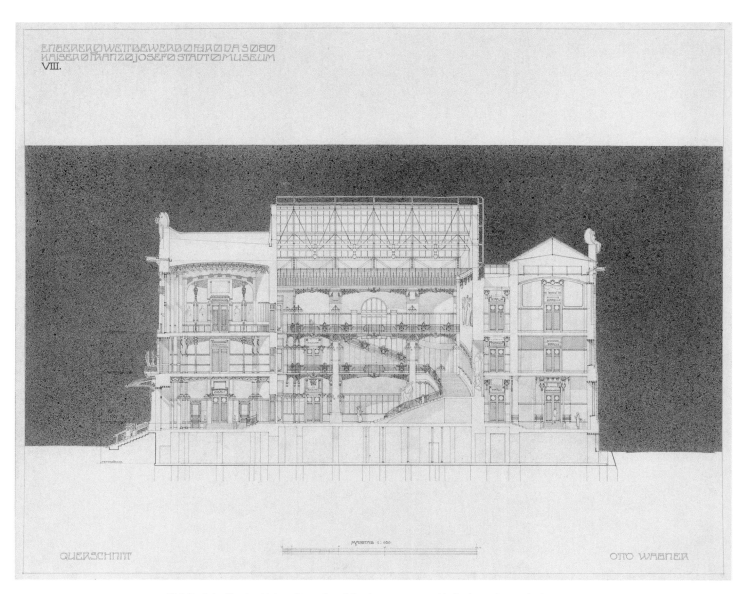

QUERSCHNITT MAßSTAB 1 : 100 OTTO WAGNER

208 Projekt für das Kaiser Franz Josef-Stadtmuseum am Karlsplatz, Querschnitt, 1902

DAS·KAISER·FRANZ·JOSEF·
□□□·STADTMVSEVM
A·M·KARLSPLATZE·IN·WIEN
PERSPEKTIVISCHE·ANSICHT
DES·HAVPTBAVES·MIT·□□□
DEM·EHRENHOFE·□□□□□□□□

OBERBAVRATS
OTTO·WAGNER·

209 Projekt für das Kaiser Franz Josef-Stadtmuseum am Karlsplatz. Perspektivische Ansicht des Hauptbaues mit dem Ehrenhof, 1902

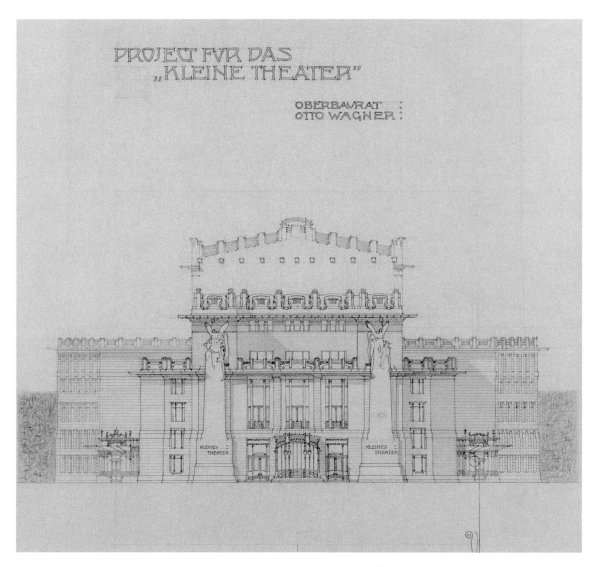

210 Projekt für ein kleines Theater am Ring. Aufriß der Front, 1903

211 Kleines Theater, Ansicht. Hinten der hochgezogene Bühnentrakt, 1903

212 Kathetrale von Patras, Ansicht, Wettbewerbsprojekt, 1902

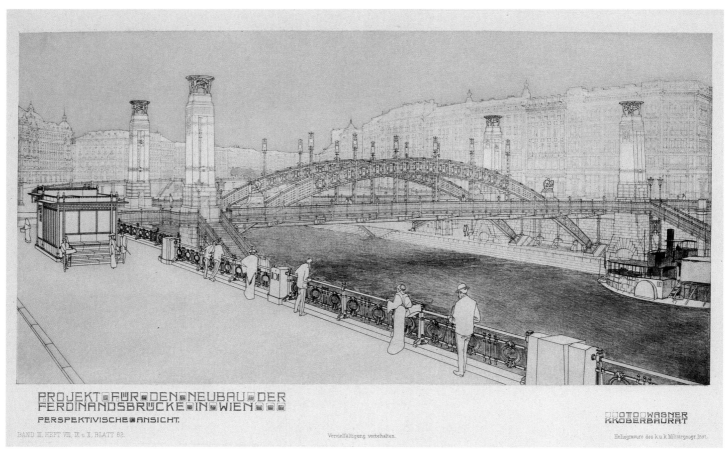

213 Projekt für den Neubau der Ferdinandsbrücke über den Donaukanal, perspektivische Ansicht, 1905

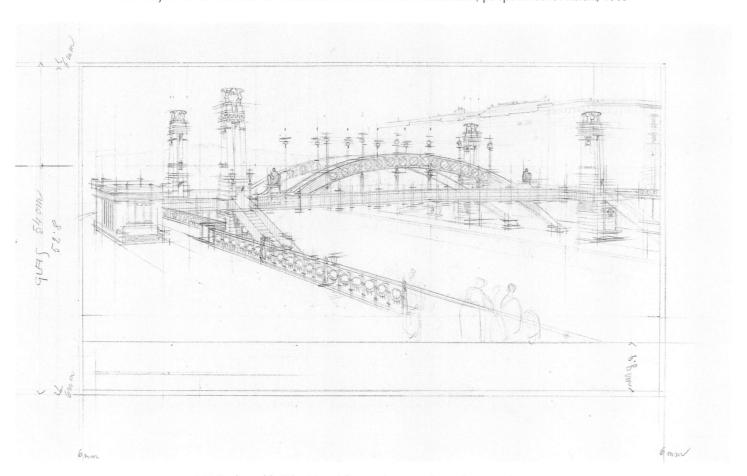

214 Ferdinandsbrücke, Vorzeichnung der perspektivischen Ansicht, 1905

PROJEKT·FÜR·DEN·NEUBAU·DER
FERDINANDSBRÜCKE·IN·WIEN···

PERSPEKTIVISCHE·ANSICHT

OTTO·WAGNER
··K·K·OBERBAURAT

BAND III, HEFT VIII, IX u. X, BLATT 63.   Vervielfältigung vorbehalten.   Heliogravure des k.u.k. Militärgeogr. Inst.

215 Projekt für den Neubau der Ferdinandsbrücke. Perspektivische Ansicht der Pylonen, 1905

216 Projekt für einen Monumentalbrunnen am Karlsplatz. Vorgesehen in der Achse der Wienzeile, zweite Version, Ansicht 1905

NEUE·STUDIE·FÜR·DEN
FRIEDENSPALAST·IM·HAAG
LINKE·ECKE·SEITEN·ANSICHT.
MASSTAB = 1:50.

WIEN·IM·SEPTEMBER·1906·OBERBAURAT·OTTO·WAGNER
K·K·PROFESSOR·AN·DER·K·K·AKADEMIE·DER·BILD·KÜNSTE·IN·WIEN

ANNO
DOMINI
MCMX.

KLEINER
GERICHTSSAAL.   HALLE.   RATSZIMMER.

PERGOLA.   ABGANG·IN·DEN·GARTEN.

217 Studie für den Friedenspalast im Haag, linke Ecke der Hauptfassade, 1906

218 House of Glory Washington D.C. oder San Francisco, Projekt, 1907

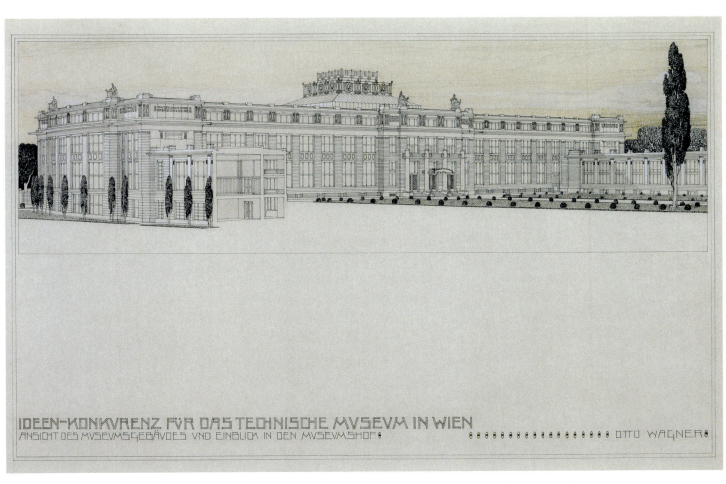

219 Technisches Museum für Industrie und Gewerbe Wien XIV, Mariahilfer Straße 212, Projekt, 1909

DIE KVLTVR DENKMAL VOR DEM KAISER FRANZ JOSEF STADTMVSEVM

220 Die Kultur, Denkmal vor dem Kaiser Franz Josef-Stadtmuseum, Projekt, 1909

221 Wettbewerbs-Entwurf für das Kaiser Franz Josef-Stadtmuseum, 1912.
Vestibül mit Figurengruppe von Raphael Donners Providention - Brunnen

GEWERBLICHE AUSSTELLUNGSHALLE.   ARCHITEKT HOFRAT OTTO WAGNER.

222 Projekt für eine gewerbliche Ausstellungshalle, Westfassade 1913

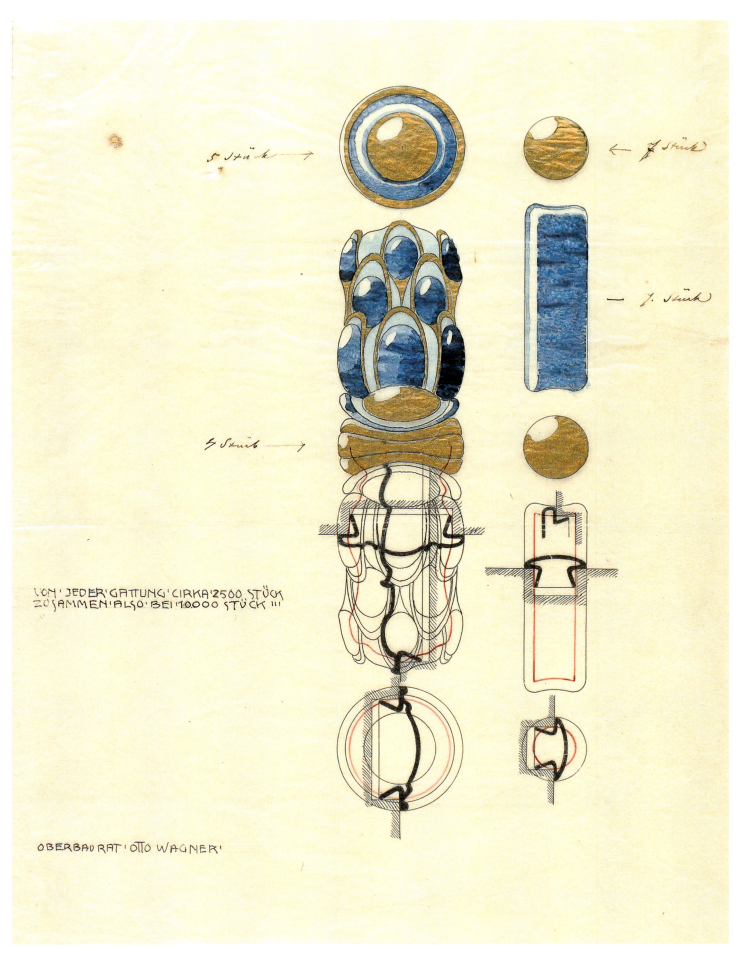

5 Stück →

← 7 Stück

— 7 Stück

5 Stück →

VON·JEDER·GATTUNG·CIRKA·2500·STÜCK
ZUSAMMEN·ALSO·BEI·10000·STÜCK !!!

OBERBAURAT·OTTO·WAGNER·

223 Entwürfe für keramische Einsätze für eine Fassade, um 1915

AUSGEWÄHLTE UND ZITIERTE LITERATUR

Josef August Lux, Eine Monographie, Delphin Verlag, München 1914

Ludwig Hevesi, Acht Jahre Secession, Kritik – Polemik – Cronik, Verlagsbuchhandlung Carl Konegen, Wien 1906

Ludwig Hevesi, Altkunst – Neukunst, Verlagsbuchhandlung Carl Konegen, Wien 1906

Ver Sacrum, Organ der Vereinigung bildender Künstler Österreichs, Jg. II 1899, Heft 8

Die Zeit, Morgenblatt vom 27. 9. 1902, Seite 3

Otto Wagner, Einige Skizzen, Projekte und ausgeführte Bauwerke, Verlag Anton Scholl & Co, Wien 1889, 1897, 1906 und 1922

Otto Wagner, Band I und II, Otto Antonia Graf, Böhlau Verlag Wien, 1985

Otto Wagner, Unbegrenzte Großstadt, Heinz Geretsegger, Max Peintner, Residenz Verlag, 1964

Pier Luigi Cervellati: „Wenn in Bologna die Donau wäre". Tageszeitung „il Resto des Carlino" 30. 12. 1985

BILDNACHWEIS

Historisches Museum der Stadt Wien: 1, 2, 4, 6, 14, 18, 22, 45, 76, 126, 129, 130, 131, 140, 142, 146, 151, 152, 181, 182, 183, 193, 194, 195, 196, 197, 198, 199, 200, 201, 206, 207, 208, 209, 210, 211, 212, 216, 217, 218, 219, 220, 221, 222

Kupferstichkabinett der Akademie der bildenden Künste, Wien: 3, 158, 202, 203, 214, 223

Bildarchiv der österreichischen Nationalbibliothek: 5, 7, 15, 25, 33, 34, 37, 51, 113, 114, 213, 215

Albertina, Wien: 82, 83

Österreichische Postsparkasse: 154

Dr. Paul Asenbaum: 21, 125, 169, 192, 204

Dank
Mein größter Dank gilt Peter Promreiter der mich mit unendlicher Geduld bei meiner Tätigkeit unterstützte.

Gedruckt mit Unterstützung der Wirtschafts- und Forschungsförderung der Stadt Wien, MA 7.

Bauten von Otto Wagner in Wien

1. Ankerhaus, 1., Graben, Spiegelgasse 2, 1894
2. Länderbank, 1., Hohenstaufengasse 3, 1883/84
3. Miethaus, 1., Schottenring 23, 1877
4. Schützenhaus der Staustufe Kaiserbad, 2., Brigittenauer Lände 340, 1904/06
5. Postsparkassenamt, 1., Georg-Coch-Platz 1, 1904/06
6. Miethaus, 3., Rennweg 1, (verändert) 1889/90
7. Palais Wagner, 3., Rennweg 3, 1889
8. Miethaus, 3., Auenbruggergasse 2, 1889/90
9. Miethaus, 1., Lobkowitzplatz 1, 1884
10. Miethaus, 4., Schönburggasse 2, 1875
11. Miethaus, 1., Bellariastraße 4, 1869
12. Miethaus, 1., Rathausstraße 3, 1880
13. Miethaus, 1., Stadiongasse 6-8, 1883
14. Miethaus, 7., Döblergasse 4, 1912
15. Miethaus, 7., Neustiftgasse 40, 1909/10
16. Miethaus, 9., Universitätsstraße 12, 1888
17. Miethäuser, 9., Harmoniegasse 1-10, 1864
18. Miethäuser, 9., Wasagasse 31 und 33, 1864
19. Johannes-Kapelle, 9., Währinger Gürtel 88, 1895
20. Miethaus, 6., Linke Wienzeile 38, 1898/99
21. Miethaus, 6., Linke Wienzeile 40, 1898/99
22. Miethaus, 6., Köstlergasse 3, 1898/99
23. Nußdorfer Wehr und Schleuse, 1894/98

Die Wiener Stadtbahn, 1894/1900:

24. Bahnhof Heiligenstadt

Haltestellen:

25. Friedensbrücke
26. Roßauer Lände
27. Stadtpark
28. Karlsplatz (von April bis Oktober zugängliche Außenstelle des Historischen Museums der Stadt Wien)
29. Kettenbrückengasse
30. Pilgramgasse
31. Margaretengürtel
32. Schönbrunn
33. Hofpavillon bei Schloß Schönbrunn (zugängliche Außenstelle des Historischen Museums der Stadt Wien)
34. Ober St. Veit
35. Bahnhof Hütteldorf

Haltestellen am Gürtel:

36. Gumpendorfer Straße
37. Burggasse
38. Josefstädter Straße
39. Alser Straße
40. Michelbeuern
41. Währinger Straße
42. Nußdorfer Straße

Die Vorortelinie, 1894/98:

43. Gersthof
44. Hernals
45. Ottakring
46. Penzing

Brückenanlagen der Stadtbahn:

47. über die Richthausenstraße, 1896
48. über die Döblinger Hauptstraße, 1896
49. über die Wienzeile, 1896
50. Lupusheilstätte, Wilhelminenspital, Pavillon 24, 16., Montelarstraße 37, 1910/13
51. Kirche St. Leopold am Steinhof, Psychiatrisches Krankenhaus, 16., Baumgartner Höhe 1, 1905/07
52. Erste Villa Wagner, 14., Hüttelbergstraße 26, 1886/88
53. Zweite Villa Wagner, 14., Hüttelbergstraße 28, 1912/13
54. Gruft der Familie Wagner, 13., Hietzinger Friedhof, 1881

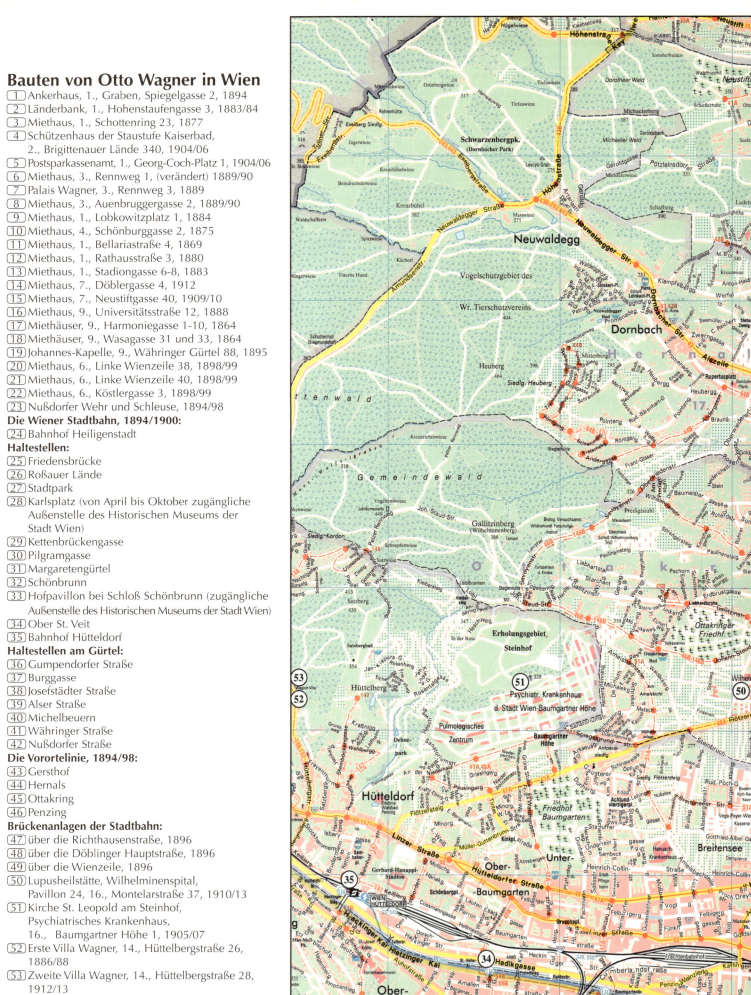